問題部下を管理し理不尽な上司から
身を守る60の事例と対応法

課長は労働法をこう使え！

弁護士
神内伸浩

ダイヤモンド社

まずは、次の2つのチェックリストを試してみてください。

あなたの会社の労働環境が、下記のリストに当てはまるかどうかをチェックしてみてください。もし1つでも当てはまれば、あなたが労働問題に巻き込まれる可能性があります。

- □ 社会保険（健康保険、厚生年金保険）に入れてもらえない
- □ 定期健康診断を行っていない（あるいは自費で行けという）
- □ 労災にもかかわらず、費用を会社が負担するからといって、私用でケガをしたことにして健康保険を使わせる
- □ 年中、労働基準監督署から何らかの調査や問い合わせがある

- □ 就業規則がない。あっても自由に見ることができない
- □ 36協定がない。あっても自由に見ることができない
- □ 給料日になっても給料が支払われず、何日か遅れることがある
- □ 社員がミスをするとその社員に損害の賠償を求める
- □ 社長に対して土下座を強要する

- □ 自由に退職することができない
- □ 退職する際は6か月以上前に申し出なければならない
- □ 会社の許可なく退職すると、損害賠償を請求される

- □ 離職率が高い
- □ 3年以上勤続している社員がいない（いてもごくわずか）
- □ 年中、求人広告を出している
- □ 求人広告の内容と採用後の条件が違う
- □ ハローワークには求人を出さない（出せない）

- □ 役員がすべて社長の親族
- □ 年中、なんらかの訴訟をしている
- □ 課長になると給料が下がる（残業代が出なくなり部下よりも手取りが減る）
- □ 平社員よりも課長の数のほうが多い

労働問題が起きやすい会社のチェックリスト

- □ 残業代を支払わない
- □ 残業代の計算は１日につき 30 分単位で切り捨てにする
- □ タイムカードがない
- □ 始業時間前に強制参加の朝礼がある
- □ １日の所定労働時間が８時間以上（残業をすることが当然の前提となっている）

- □ メンタルヘルス不全で欠勤ないし休職している社員が多い
- □ 叩く、蹴るといった暴行が社内で日常的に行われている
- □ 会社から徒歩 15 分圏内に住むよう強要され、通勤手当が出ない

- □ 休憩時間を取ることができない
- □ 休憩時間が１日に２時間以上設定されている
- □ 残業開始前に 15 分～ 30 分の休憩時間を取ることになっている
- □ 一斉休憩はなく、自分で好きなときにとるようになっている

- □ 法定休日の定めがない
- □ シフトによっては連続７日以上の勤務となることがある
- □ 年次有給休暇がない。あっても自由に取得できる雰囲気がない
- □ 年次有給休暇が許可制

- □ 育児休業を取得できない（取得すると復職できない）
- □ 妊娠した従業員に退職勧奨を行う
- □ 遅刻や早退をすると半日単位で減給される
- □ 営業ノルマを達成できないと休日がなくなる

労働問題を起こしやすい課長の特徴チェックリスト

- □「課長の仕事は雑用が多い」と感じている
- □ 仕事は部下に教えるより自分でやったほうが早いと思う
- □ 自分が先輩から教えられたように部下を指導している
- □ コミュニケーションはほとんどIT ツールで行っている
- □ 他の者の教訓になるので、みんなの面前で部下を叱る
- □ 最近、部長（上司）とのコミュニケーションが減ってきた
- □ 仕事さえできれば、部下がプライベートで悩んでいても、見て見ぬフリをする
- □ 仕事に熱心になるあまり、つい感情的になってしまう
- □ 課長は労働者としての権利が認められないポジションだと思う

1つでもチェックが入れば、あなた自身が「問題課長」である可能性があります。

2つのチェックリストには、合計50の項目がありました。
そのうちの1つにでも当てはまっていれば、
あなたは労働問題に巻き込まれる可能性があります。
課長と労働問題は、それほど密接な関係にあります。
でも、誰もそれを声高に主張してこなかったのです。

はじめに――労働法の知識とは、現代課長の「盾」である

昨今の労働環境は「ハラスメントブーム」とでも言える状況にあります。セクハラ、パワハラ、マタハラ、ソーハラ、スモハラ、アルハラ……。これまで問題視されてこなかったコミュニケーションが、さまざまな文脈から「ハラスメント」の烙印を押される場面が増えてきました。日々、部下指導を行なう課長にとって、今ほど窮屈な時代はないと言わざるを得ません。

そして、ネット社会・情報化社会のメリットは、課長が労働問題に接するにあたって、大いにデメリットになります。あなたの部下が「今、自分がさらされている労働環境は自分に不利なものじゃないのか？」「昨日上司から言われた一言は、ひょっとしてパワハラじゃないか？」などという疑問をもてば、すぐに自分で調べることができます。

そして、あまり考えたくはないことですが、**あなたに恨みをもっている部下がいたとします。その部下が「パワハラ　悪用」などと検索すれば、その部下は、労務管理上、あなたが困り果てるような方法を簡単に知ることができます。**

かつて、労働問題とそれを定める労働法は、会社の経営陣や人事部と私たち弁護士、そして労働問題の当事者になった労働者の間でしか交わされることのないトピックでし

た。しかし今、誰もがそうした知識を得ることができる時代になったということです。

そして、部下の「上司」であり、労働現場の最前線にいる課長にとって、「労働法的に間違った行動」をとることは、命取りになります。本書で詳しく説明しますが、労働法は、労働者を保護する目的で成り立っていて、圧倒的に労働者に有利な内容で構成されています。課長の一挙手一投足は労働問題に直結し、少しでも労働法に反した行動をとれば、あなたは法的責任を問われる立場にあります。今の時代、労働法を知らずに課長職に就くことは、何の防具も持たずに裸で戦場を歩いているようなものなのです。

これまで労働法の関連書は、一般社員が上司や会社から身を守るための本か、経営者や人事向けの法律論を中心とした専門的なものがほとんどでした。**しかし、最も労働法的な知識が求められるのは、実は課長です。課長は、すべての労働問題の当事者になるポジションにあるからです。**

この本を手にとったあなたは、今まさに労働問題に直面し、悩んでいる課長でしょうか。新しく課長職やプロジェクトマネージャー職に就いて、部下マネジメントを不安に感じている人でしょうか。それとも、管理職に労働法の知識を得てほしいと考える経営者や人事部の方かもしれません。本書は、膨大な労働法の内容から、課長が押さえておくべき内容を厳選し、「現場で使える」内容に噛み砕いて解説しています。今挙げたすべての方々にお役立ていただけるはずです。

「労働法を使う」と言っても、条文の暗記を強いる内容や、難しい法律解説は載せていません。労働事件の専門弁護士として日々労働問題に接する私の知識を総動員して、どうすれば課長が労働問題の「被害者」にならず日々のマネジメント業務に集中できるのか、そのエッセンスを多数の事例とともに紹介する本です。当然ながら、労働問題が起こる原因は、職場環境や当事者の性格などによってケースバイケースです。**しかし、そのすべての判断基準としての労働法を知っておくことで、誰も遭遇したことのない事件にぶちあたっても、打開策を見出すことができるのです。**

申し遅れましたが、私は、労働問題を専門に扱う弁護士です。弁護士になる前は法的な知識も何もない、ごく普通の民間企業のサラリーマンでした。国内企業で2年、外資系企業で6年、いずれも人事部に在籍し、人事労務に関するキャリアを積みました。私は文学部出身で、法律とは無縁の人生を送っていたのですが、国内企業にいた際、上司に勧められて社会保険労務士試験を目指したことを契機に、民法や仕事に関係のある他の法律にも興味を持つようになりました。その後、会社で成し遂げたいと思っていたことがひととおり実現できたため、一念発起して司法試験を目指しました。

長年、人事畑に居たため、弁護士資格を取得してからも労働問題を専門とする事務所に身を置いて、その後個人事務所を開設して今に至るまで、労働問題に身を捧げる半生を過ごしてきました。そんな私だからこそ、はっきり自信を持って言えることですが、法律事務所に所属する弁護士は、あくまでも会社という「組織」の「外」にいる専門家にすぎません。どんなに法律論の展開に長けていても、一つひとつ会社独特の雰囲気や「ルール」を知ることは難しいものです。**民間企業にいた私は、企業では理屈や常識が通らないことが頻繁に起こりうるということを、身をもって体験しています。**だからこそ、この本を書こうと思ったのです。

序章では、課長はどういう場面で労働問題に遭遇するのかをお伝えします。第1章と第2章で、いわゆる「モンスター上司」や「問題部下」など数々のリアルな労働問題を見てもらってから、第3章で基本的な法律知識を押さえます。そしてその後の章では、あなた自身が労働問題を引き起こす原因とならないための知識をお伝えしていきます。

本書でお伝えすることが課長受難の時代の「盾」となり、読者の皆様がマネジメント業務に注力するための一助となるならば、著者としてこれ以上の喜びはありません。

（注）本書で紹介する一部の事例・エピソードは事実をもとに改変を加えたものです。

Contents

第1章 課長を苦しめる上司と会社の特徴

第2章 職場環境を悪化させる部下の特徴

第3章 課長が身を守るための労働法入門

第4章 誰も教えてくれないトラブル対応と法律知識

第5章 課長の責任が問われた6つの「負け裁判」

終章　自分が「問題課長」にならないために

序章

労働者と管理職の間にある「落とし穴」

まず始めに、「課長」というポジションの「現在地」をご説明していきます。課長とは、労働法的にどんな立場にあるのか、どんな危険が潜んでいるのか。誰も教えてくれない課長の実態を1つずつ明らかにしていこうと思います。

01

知らないと危険すぎる課長と労働法の関係

◉労働問題を「初期消火」できるのは課長だけ

あなたのチームの中に、こんなタイプの部下はいませんか？

- ノルマ未達を繰り返し、成長が見られない人
- 欠勤、遅刻が見過ごせないほど多い人
- 他のメンバーと関わろうとしない人
- やるべきことはそっちのけで権利のみ主張してくる人
- 何か不満があるとすぐに労働組合に駆け込む人

すべての部下が自分のやるべきことを理解し、向上心が強く、協調性もあって、チームとしてのパフォーマンスがどんどん上がっていく。チームリーダーである課長は、そんな状態を理想に描いて、日々部下をマネジメントし、現場の陣頭指揮を執っているはずです。

しかし、現実はそう甘くはありません。生まれも育ちもキャリアも性格も違う人が集まれば、どんな会社のどんな部署にも必ず、右に挙げたような問題を抱えた人がいるものです。必然的に課長は、パワハラ、セクハラ、メンタルヘルスなどあらゆる労働トラブルの芽を摘むために、すべての部下に目を配ることになります。

「問題部下」の行動は、その部下個人の問題にとどまりません。チーム全体に悪影響を及ぼし、課長自身の評価にも直結します。あなたのチームで起きたトラブルは、当然ながら、チームリーダーである課長の責任になります。

そこで、労働法の知識がないと、あなたは「課長として正しい対処」をすることができないのです。そう言われてもピンとこないかもしれません。もう少し、読み進めてみてください。

「管理職研修」のような形で、ひと通りの労働法の基礎知識を学んだ人もいるかも知れません。でも、**毎日の仕事と法律がどう関係するのか、どんなときにどんな知識が役に立つのか、何が起きたときにどんな対応をすれば良いのか、**しっかり理解している課長は少ないでしょう。

「いやいや、労働法の知識が必要なのは経営者や人事部でしょ」
「そもそも、労働法をまともに学ぶヒマなんかないよ」

そう思われるでしょうか。たしかに、経営陣や人事労務担当者は、「社内の労働法の専門家」でなければなりません。しかし、労働問題が人事部や経営陣の手に渡ったときは、すでに手遅れになっていることがあります。**労働問題の火種が「火災」に発展する前に、現場で「初期消火」できるのは課長だけなのです。**

◉課長が訴えられて損害賠償責任を負わされた話

では具体的に、課長が労働法を理解していないと、どんなことが起きうるのでしょうか。労働法の基礎知識をもたない課長が、自分の経験だけで判断し、労働問題の当事者になるケースは少なくありません。

たとえば「サントリーホールディングスほか事件」（東京地裁　平成26年7月31日判決）は、上司の部下に対する行動が「不法行為」と認められた事案です。

詳しくご紹介しましょう。


上司が、一人の部下の勤務態度に不満をもちました。

指示された業務の納期を守らなかったことなどが、その理由です。

「おまえは新入社員以下だ。もう任せられない」

「何でこんなことがわからないんだ。おまえは馬鹿だ」

上司は部下に言い続けました。これは明らかなパワハラです。

間もなく部下はメンタルヘルスの不調をきたします。

心療内科で重度のうつ病と診断され、休職するように言われました。

そこで翌日、診断書を添えて上司に3か月の休職を願い出ました。

これに対して上司は、ちょっと考えられないような自分勝手な判断をします。

まず、心療内科の診断書を、自分の机にしまったまま放置しました。

もちろん本来であれば、人事部に提出しなければいけないものです。

そして部下にこう告げます。

「3か月の休養については、有給休暇で消化してくれないか」

「君は隣の部署に異動する予定だが、もし3か月の休職をするなら、異動の話は白紙に戻さざるを得ない。つまり休職後も私の下で仕事を続けることになる」

「今日から4日以内に、どうするか判断してほしい」

この部下は、悩んだ末に有給休暇を取得することを選びました。

そして、会社と上司を訴えました。

裁判所は、上司の暴言をパワハラと認定。

また、診断書の棚上げを不法行為に当たるとして、損害賠償を命じました。


「休職させるべき」という医師の診断書が出ているにもかかわらず、自分の判断で棚上げするなど、どう考えても明らかに許されない行為です。

もし、この上司にわずかでも労働法の知識があれば、自ら身を滅ぼすようなことはしなかったはずです。部下に訴えられてしまった後では、「労働法を知らなかった」では済まされません。

◉労働法の無知が部下を殺す可能性がある

課長に労働法の知識がないと、部下の命を危険な目にあわせることもあります。
あるパン製造工場での話です。

パート労働者が1か月に139時間の残業をしました。
しかし、その残業代が未払いになっていました。
そのパート労働者は1日8時間、週40時間という労働法の規定を知りませんでした。
上司から命じられるままに働いていたのです。
月139時間という残業時間は、過労死の基準を遥かに超えるレベルです。
結局、そのパート労働者は脳疾患で倒れてしまいました。

近年、過労死がたびたび問題となっています。そんな状況を打開するために厚生労働省は平成13年12月、労働基準局長名で『脳血管疾患及び虚血性心疾患等（負傷に起因するものを除く。）の認定基準について』を通達しました。

そこには「発症前1か月間におおむね100時間又は発症前2か月間ないし6か月間にわたって、1か月当たりおおむね80時間を超える時間外労働が認められる場合は、業務と発症との関連性が強いと評価できる」としています。これに基づき、「過労死基準は月に残業100時間」とされています。

もし、このパート労働者が訴えを起こせば、課長が責任を追及される可能性は免れません。

労働法の知識とは、勉強しておくとスキルアップがはかれるという類のものではありませんが、あなた自身の立場や、部下の命を守る「盾」となる必須知識なのです。

02

課長とは、法律に守られる存在か？それとも叩かれる存在か？

◉課長とは「労働者側」なのか「経営者側」なのか？

そもそもの話ですが、課長というポジションは労働者側なのか、それとも経営者側なのか知っていますか。仮に会社と社員がもめたとしたら、あなたはどちらの陣営に加わることになるのでしょうか。あなたの部下が会社を訴えたら、どんな立場から、どのような態度をとるべきなのでしょうか。

この問いにハッキリと答えられる人は、労働法的な知識を相当備えた人だと言えます。それだけ、課長というポジションは、実に曖昧で複雑なのです。

法律的な視点と経営的な視点、2つの角度から見ていくと、その曖昧さがよくわかると思います。

まず会社法上の「役員」とは、取締役、会計参与、監査役などを指します。役員は経営者であり、それ以外は労働者です。つまり、副社長、専務、常務などの役職にあっても、取締役、会計参与、監査役などでなければ労働者です。ですから、法律上、課長は当然労働者になります。

一方、経営的な視点からすると、課長とは経営者への階段を上がり始めたポジションだと言えます。残業代が支給されず、組合活動にも参加しなくなるケースが多いでしょう。部長になると事実上完全に経営者側となり、出張手当が増額されたり、新幹線のグリーン車利用が可能になったり、取締役に準ずる待遇を受けるケースも多くなります。

法律的には課長イコール労働者なのですから、原則的には組合活動を行うことができます。しかし実際には、会社側に立つことのほうが多いはずです。

つまり、ほとんどの課長は、法律上は労働者だが、会社経営上は労働者側ではないという存在なのです。ちょうど図の重なったところにいるのが課長です。それゆえに課長の仕事は難しいのです。

課長は「法律上は労働者」、「事実上は経営側」という微妙な存在

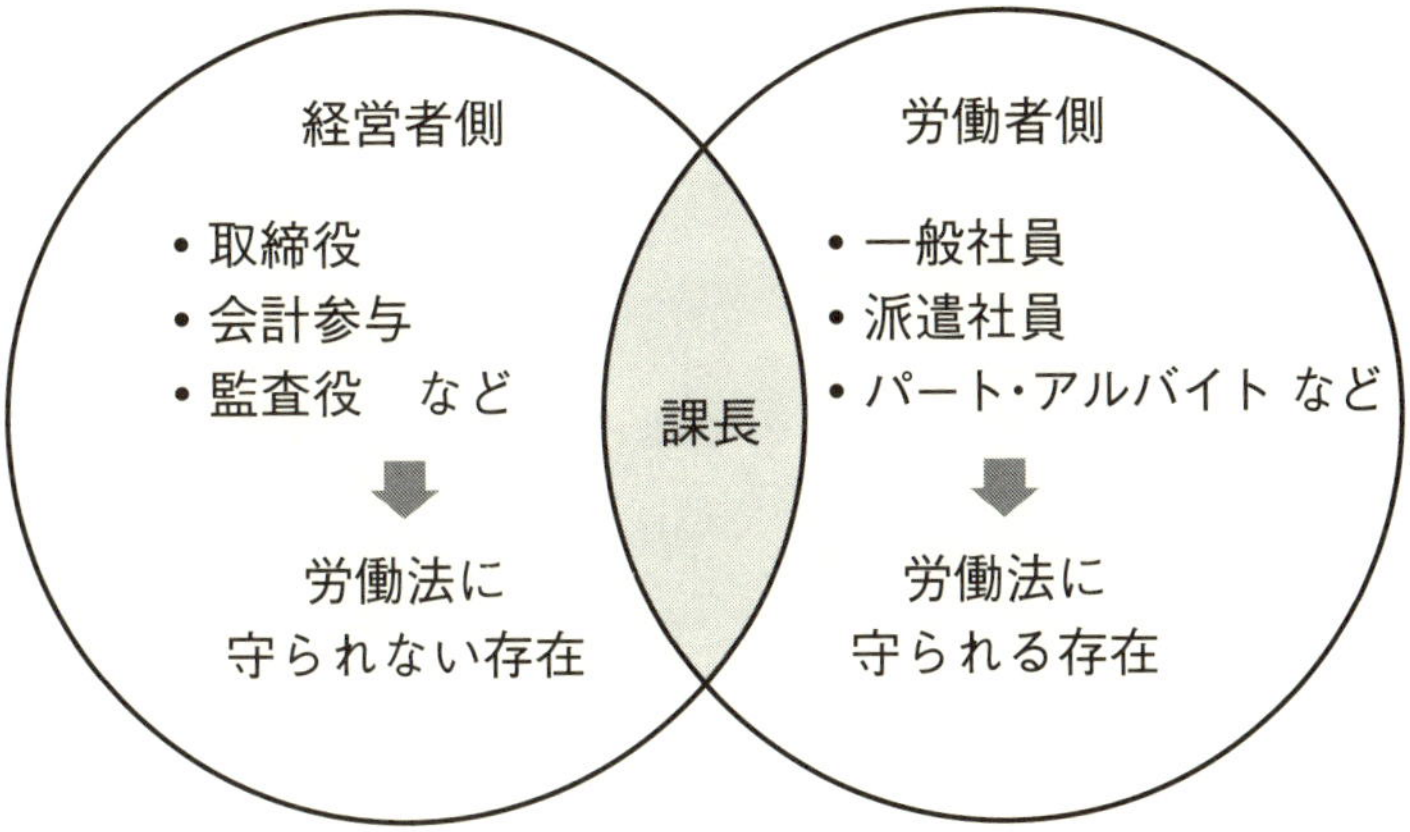

◉あなたは「名ばかり管理職」でないと言い切れますか？

「管理監督者」という法律用語を聞いたことがある人は多いでしょう。以前、いわゆる「名ばかり管理職問題」で、課長とセットになって何度もメディアに登場した言葉です。

しかし、そもそも一般的に使われる「管理職」と法律上の「管理監督者」は異なります。この点について多くの人が誤解していて、課長が正しい労働法の知識を身につけられない大きな原因の1つになっています。

「管理職」とは、民間企業における役職者の総称で、一般的に課長以上の役職者を指します。

これは、法律用語ではありません。

一方、「管理監督者」とは、「監督若しくは管理の地位にある者」の通称で、法律用語です（労働基準法41条2号）。管理監督者は、労基法の労働時間、休憩、休日の規定の適用を受けず、残業代が支払われないなど、労働条件の最低基準の適用が除外されます。

この管理監督者に該当するかどうかは、「課長」「工場長」「店長」「支店長」「プロジェクトリーダー」「チームリーダー」などの会社が決めた役職名ではなく、実態に基づいて判断されます。管理監督者は「労務管理について経営者と一体的な立場にある者」とされており、その具体的な要件は、次の3つです。

①会社の経営方針や重要事項の決定に参画し、労務管理上の指揮監督権限を有している
②勤務時間について裁量を有しており、出退勤時刻等の制約を受けない
③賃金等について一般の従業員よりも高水準の待遇がなされている

もちろん実態は企業ごとに異なるため、これらの要件が絶対的な基準になるわけではありませんが、企業が管理監督者の対象範囲を決めるときには、厳密に考えると、これらの要件に基づいて検討する必要があります。

この3要件に当てはまらないのに管理監督者として扱われている管理職が、「名ばかり管理職」と呼ばれ、問題とされています。つまり、右記の3つの逆、左記の3つのどれかに当てはまる管理職です。

- **重要事項を決定する権限を与えられていない**
- **勤務時間の裁量を与えられていない**
- **昇進したら残業代がなくなり、その結果年収が下がった**

あなたの会社はどうでしょうか。あなた自身が、この3つのどれかに当てはまってはいませんか。**「課長になると管理監督者になるので残業代は支払われない」というのは、法的には間違いです。**極論を言えば、一般社員に役職名を与えて社内で管理職と呼ぶこと自体は違法ではありません。しかし、一般社員は明らかに管理監督者ではないので、「管理職」の名のもとに残業代を支払わないことは違法となるのです。

残業代が支払われなかった店長が「自分は管理監督者ではない」と主張し、未払い残業代請求の訴訟を起こした有名なケースが、「日本マクドナルド事件」（東京地裁　平成

20年1月28日判決）です。

これは、日本マクドナルドの店長が、「店長を管理監督者として扱い、残業代を支払わないのは違法」として、未払い残業代など計約1350万円の支払いを求めた事案です。東京地裁は「店長の職務内容から管理監督者とはいえない」と判断し、日本マクドナルドに約503万円の割増賃金と251万円の付加金の支払いを命じました。

この際、先ほど紹介した①～③の3つのポイントについて検証され、次のように判断されました。

①については、店長はアルバイトの採用、昇格、昇給権限など労務管理の一端を担っているとはいえ、経営者と一体的な立場にあったとは言えない。また、決裁権限についても店舗内に限られていた。

②については、シフトを決める権限があったとはいえ、アルバイトの穴を店長自ら埋めなければならず、労働時間に関する自由裁量があったとは認められなかった。

③については、管理監督者に対する待遇としては十分ではなかった。

役職名は、会社が独自につけるものです。課長という肩書きであっても、直ちに管理

ほとんどの課長は管理監督者ではない

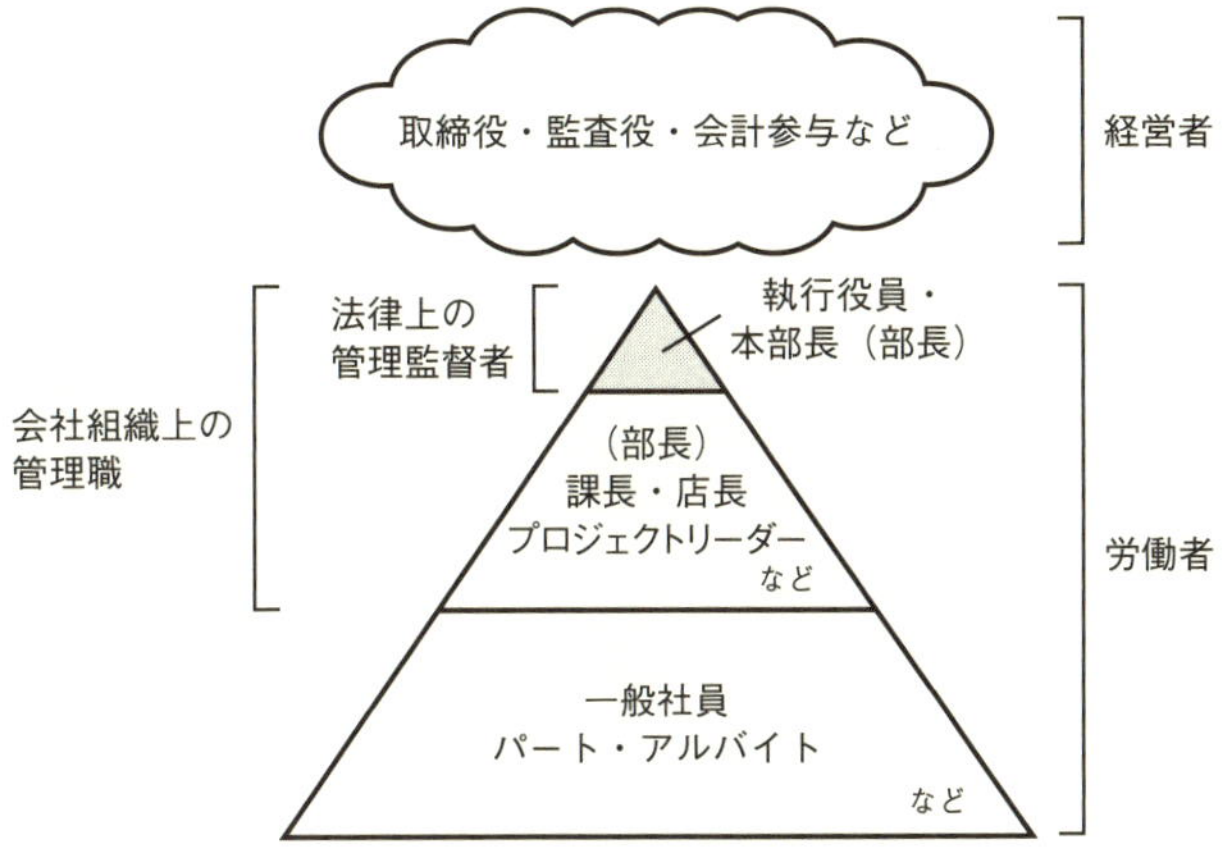

一般的な日本の会社の組織構造

※「部長」は管理監督者であるケースも少なくない

監督者というわけではありません。**「プロジェクトリーダー」「チームリーダー」などの肩書きで、課長の仕事を任されているケースもありますが、事情は課長と同様です。実際、世の中の課長は「名ばかり管理職」であるケースがほとんどだと言えるでしょう。**

私は本書で、「だから、すべての課長は会社に残業代を請求しましょう」ということが言いたいのではありません。課長とは微妙な立場にあるからこそ、自分自身が「何をすべきなのか」を明確にしていないと、会社の論理や労働問題に巻き込まれてしまうということを、ぜひ知っていただきたいのです。

03

課長は、3方向から労働問題の脅威に取り囲まれている

◉課長はほぼすべての労働問題で「当事者」になる

それでは、具体的にどんな状況で、課長は労働問題の「当事者」になるのでしょうか。

結論から言えば、課長は、すべての労働問題で当事者になります。

①課長が上司や会社から被害を受けるケース

まずあなた自身が、パワハラやセクハラを繰り返す上司の被害を受ける可能性があります。オーナー社長による独断的な人事評価など、「会社の論理」が課長を苦しめることも少なくないはずです。

この「上からの脅威」と言える状況への対応は、第1章でご紹介します。

②部下が問題を起こし、課長が巻き込まれるケース

部下が他の社員にセクハラやパワハラを行った。部下がメンタルヘルス不全に陥った。部下同士でトラブルが起きた。部下が会社と衝突してトラブルになった。そのすべてのケースで、課長が動かざるをえません。部下の問題は課長の問題に直結します。言わば、「下からの脅威」です。

問題のある部下とその対処法については、第2章で詳しくお話しします。

③課長自身に問題があるケース

自分自身がトラブルメーカーとなってしまう「課長発」の労働問題には弁解の余地がありません。この「内からの脅威」とでも言える状況は、厳に戒めなければなりません。あなた自身が「問題課長」にならないための注意点については終章で解説します。冒頭4ページの、「労働問題を起こしやすい課長の特徴チェックリスト」をご覧ください。このうち1つでも当てはまれば、「問題課長予備軍」といえます。あなたに当てはまる項目はないかどうか、確認してみてください。

上、下、そして自分自身。つまり課長とは、会社で起きるすべての労働問題の当事者になり得るポジションなのです。正しい労働法の知識を持ち、予防法、対処法を押さえつつ日々のマネジメントを行うべき最大の理由が、ここにあります。

◉課長が会社に大きな損害を被らせたケース

課長の初動対応が原因で労働問題が深刻化したケースを2つ紹介します。

まず、課長がマネジメントを怠ったせいで、会社が訴えられたケース「東芝（うつ病・解雇）事件」（最高裁二小　平成26年3月24日判決）です。

元社員の女性は、うつ病に罹患していたことを会社に報告しませんでした。

課長は、女性をあるプロジェクトのリーダーに任命し、叱咤激励しました。

心身ともに疲弊した女性は、長期間の休職に至ります。

その後、会社は、休職期間満了により、この女性を解雇しました。

女性は「うつ病の原因は過重労働にあり労災だから解雇は無効だ」と会社を提訴。

そして、高裁で解雇の無効が確定します。

しかし高裁は、うつ病の罹患を報告しなかった女性にも落ち度があると判断。損害額の2割を減じました（これを過失相殺といいます）。

そこで、うつ病罹患の未報告が過失相殺の理由となるのかが、最高裁で争われました。最高裁は、次のように判断し、過失相殺を否定したのです。

「本人からうつ病である旨の報告がなくても、課長が部下の様子を見て、業務の負荷を軽減するなどの適切な措置を取るべきだった」

原則として、労働事件における原告は労働者、被告は会社です。しかし、「いつ」「どこで」「誰が」「何を」したかという中で、「誰が」に当たるのは、現場の最前線に立つ課長であるケースが多いのです。

課長の一挙手一投足が会社の責任に直結し、会社に多額の損害賠償責任を負わせることにもなり得るのです。この事件は、第5章でも詳しく取り上げます。

◉課長自身が「被告」になったケース

会社と課長が共同被告として訴えられる事案もありました。

ある工場で事故が発生し、社員がケガをしました。社員は「膝が痛いからこの仕事はできないと言ったのに、課長が無理やりやらせたからケガをした」と主張し、課長個人と会社の両者を被告として訴えたのです。損害賠償の支払能力などを考えれば普通に会社だけを訴えればよいものを、この社員は課長に対して個人的な恨みをもっていたため、嫌がらせもこめて共同被告にしたのです。

名指しで訴えられたときの痛手は計りしれません。出廷を求められたり、資料や書類を用意したりと時間を費やされるだけでなく、訴状に被告として自分の名前が記載される精神的ダメージは大きなものです。

会社の顧問弁護士が課長個人の代理人を行う例もありますが、課長と会社との間で何らかのトラブルがある場合は、弁護士費用を自腹で捻出しなければならないケースもあるでしょう。

この事件の課長は、「なぜ私が被告にならなければいけないのか」と嘆いていました。結局、裁判所は課長の責任は否定しましたが、結論が出るまでの約2年間、この課長の心痛は続いたのです。

04

現代の課長は普通に仕事しているだけで労働問題に巻き込まれる

◉課長の2つの役割と労働問題の関係

基本的なことですが、課長本来の仕事について改めて考えると、課長と労働法との接点が浮き彫りになってきます。

まず、最も重要な課長の仕事は、チームの状況を的確に把握し、目標達成を図り、部下を育成することです。良い課長とは、目標達成のための仕組みづくりを考え抜き、部下の能力やモチベーションを最大限に引き出し、チーム全体の目標を達成させる人だと言えるでしょう。

そして課長のもう1つの重要な役割は、経営幹部と部下との橋渡し役になることです。

会社の規模にもよりますが、すべての社員が社長や役員に自分の意見を言えるわけではありません。慢性的に残業が多く、人を増やしてほしいと思っていても、それを直接経営陣に伝えることは難しいでしょう。そんな現場の悩みを肌で感じ、意見を集約して経営幹部に伝えられるのは課長だけです。部下や周囲の問題点にアンテナを張り、話を聞き、上司に報告するのが課長の仕事とも言えます。

反対に、経営幹部の意向を部下に伝える役割も果たします。部下が会社に不満をもっていたとしても、そこに正当な理由がなければ課長が説得しなければなりません。そんな橋渡し役として機能するためには、あなたと部下との信頼関係が大切です。そのためには積極的なコミュニケーションが必要になります。

こうした課長本来の仕事を行ううえで、労働法の基礎知識は非常に重要です。

たとえば目標達成のために部下を指導するとき、指導をしなくても仕事をこなす部下もいれば、同じミスを繰り返したり、意欲に乏しい部下もいるでしょう。意欲に乏しい部下に対する指導は、パワハラで訴えられる事態につながりやすいケースです。とはいえ、「こんなことをしたらパワハラで訴えられるのではないか」と指導に二の足を踏んでいれば部下は成長しません。そんなとき、どういう場合がパワハラに当たるのか、労働法の基礎知識をもとにして部下管理を考える必要が出てきます。

また、あなたの会社が慢性的に残業時間が長く、部下が心身ともに疲弊しているとしましょう。メンタルヘルス不全などの労働問題が発生する前に、あなたは早急に職場環境の改善を上司に訴えなければなりません。

とはいえ、経営側の都合を知るあなたは、一概に部下の都合で環境改善を訴えるわけにもいかないでしょう。下手な言い方をすれば、あなた自身の立場が危うくなりかねません。そこで、自分の身を守りつつ部下を守るには、どのように伝えるべきなのかを考えなければなりません。ある程度の労働法の知識がなければ、上手に伝えることは難しいでしょう。

◉プレイングマネジャーの余裕のなさが労働問題の温床になる

学校法人産業能率大学が、従業員数100人以上の上場企業で働く600人の課長を対象に、職場の状況や課長自身の意識などに関するアンケートを実施しました。

それをまとめた「上場企業の課長に関する実態調査」（学校法人産業能率大学　20

課長の仕事に占める「プレイヤー業務」の割合

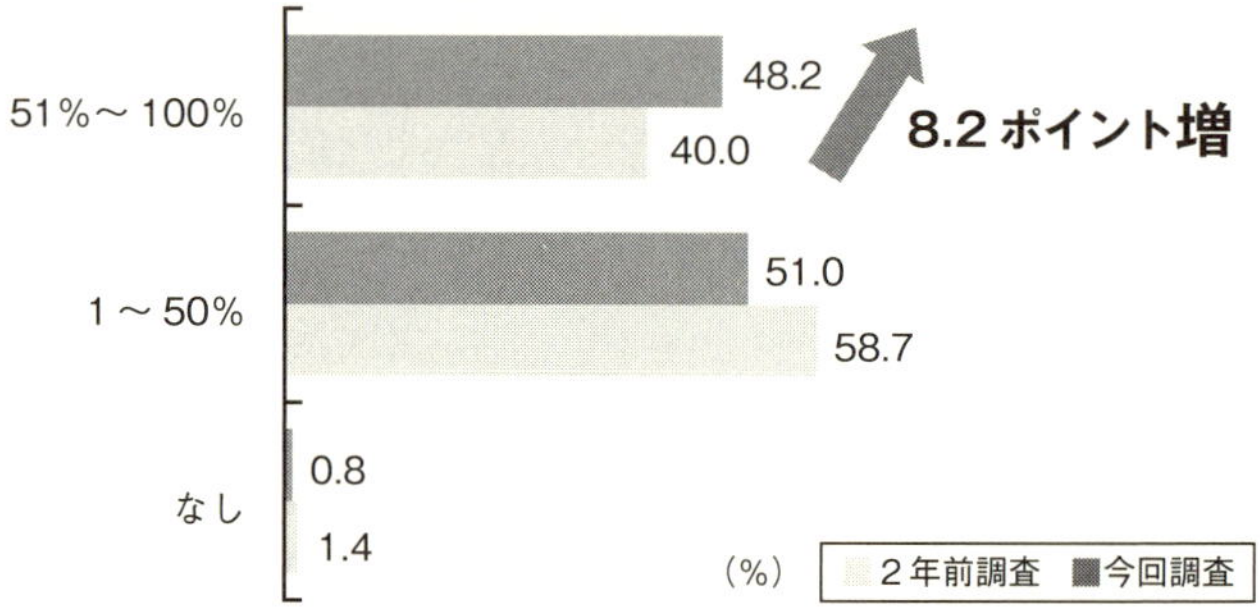

出典：「上場企業の課長に関する実態調査」（学校法人産業能率大学　2013年6月）

13年6月）によると、課長の実に99・2%が、部下のマネジメントを担いつつ、プレイヤーとして業務をするプレイングマネジャーでした。さらに、仕事の半分以上がプレイヤー業務だという課長は48・2%で、2年前の調査から8ポイント増加していました。同調査で「課長としての悩み」を聞いたところ、最も多かったのは、「部下がなかなか育たない」（41・8%）でした。プレイヤー兼務という現状もあり、業務量が多い中でなかなか部下の育成にまで時間をかけていられない現状がありそうです。

「自分のノルマを達成するのも大変なのに、部下の面倒までみていられない」「責任ばかり負わされて、とんだ貧乏くじを引いた」

そう感じている人も多いのではないでしょうか。

さて、プレイヤーの仕事に追われがちなプレイングマネジャーは、どうしても部下のマネジメントがおろそかになります。この状況が、必然的に労働問題の温床となります。

課長としての悩み

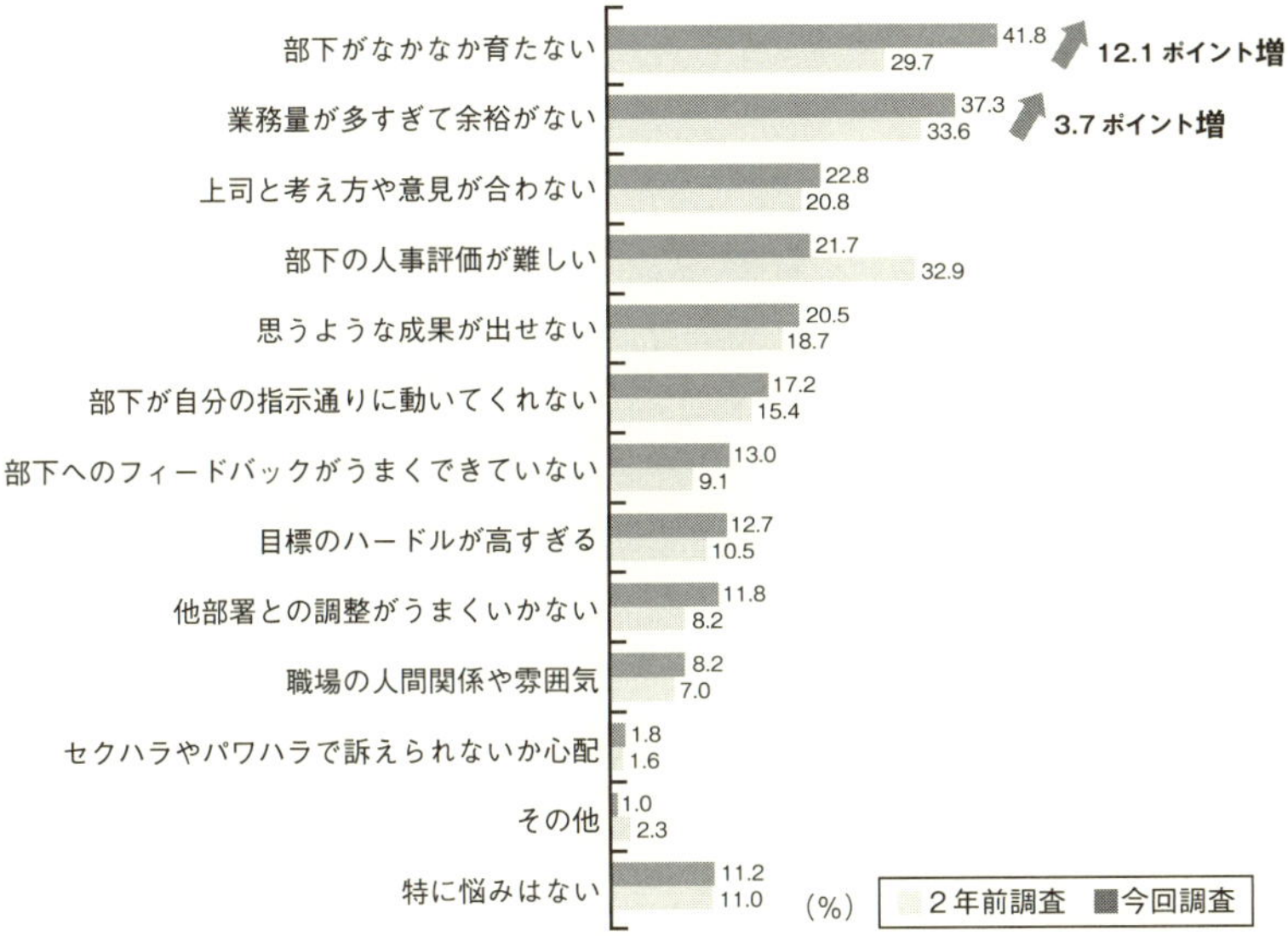

出典：「上場企業の課長に関する実態調査」（学校法人産業能率大学　2013年6月）

ある食品卸業の営業課長の話です。一人の部下の様子が、以前と比べ明らかに変わってきました。月曜日の朝は決まって遅刻、無断欠勤も増え始めました。顔色が悪く仕事中もだるそうにして、デスクに伏せて眠っていることもあります。

課内では「家庭でトラブルがあったらしい」という噂が流れていました。しかし、課長は仕事が忙しく、フォローする余裕がありませんでした。「プライベートな悩みは仕事に関係ない」と、見て見ぬフリをしていました。

その直後、部下は営業車で移動中に人身事故を起こしました。

会社の車で事故を起こせば、被害者は当然、会社に損害賠償を請求します。そして、部下の監督責任を問われるのは課長です。

このほかにも、経験の浅い若手にある仕事を任せたものの、上司が自分の仕事に追われてほったらかしの状況になり、若手は仕事に行き詰まってストレスを抱え、メンタルヘルスに支障をきたすケースも少なくありません。

プレイングマネジャーが多い時代だからこそ、労働問題が発生しやすいポイントを的確につかみ、事前にトラブルの芽を摘んでいく必要があるのです。

◇　◇

早足で課長と労働法の関係を概観してきましたが、結論としては、「課長は会社で起きるすべての労働問題の当事者になり得る」ということです。

部下を守り、チームのパフォーマンスを上げ、そしてあなた自身とあなたのキャリアを守るために、本書では、具体的かつ実践的な労働法の知識をお伝えしていきます。

第1章

課長を苦しめる上司と会社の特徴

この章では、労働問題を引き起こしやすい上司や職場環境を悪化させる上司、さらには労働問題が起きやすい会社環境の特徴を紹介します。

上司や会社そのものに問題がある場合、課長がコントロールすることが難しくなります。労働基準監督署に相談したり、訴訟を準備するケースもあるでしょう。会社を辞める決断をしたほうがよい場合も含めて、課長がどう動くべきかを考えていきます。

Case 1

パワハラする上司

どうする課長!?

見て見ぬフリは禁物。「クッション役」を買って出る

はじめに、課長の上司が部下にパワーハラスメント（私的なことに過度に立ち入る）を行ったケースです。

あるメーカーの営業部で起きた話です。

ある日、部下が真っ青な顔をして課長のところへやってきました。

「パワハラを受けた。会社を訴えます」

驚いて話を聞くと、パワハラの相手は課長の上司である部長だと言うのです。

普段温厚な部長がパワハラなど考えられず、「まさか」と思いました。

その部下は、半年前に妻を交通事故で亡くしました。

それ以来元気がなく、営業成績は低迷。

そんなとき部長から「合コンに行けよー」と言われたそうです。

さらにその数日後には「婚活しないのか」。

部下は「亡くなった妻を侮辱している」と怒り狂い、課長に訴えたのです。

そこで課長は、部長と部下、それぞれ個別に話を聞くことにしました。

部長は「励ますつもりだった」と言います。部長の言い分はこうです。

「たしかに『合コンに行けよ』『婚活しないのか』とは言った」

「それはいろいろ相談できる女性が身近にいたほうがいいと思ってのことだ」

今度は部下と2人で話をして、部長の発言の真意を伝えました。

そして、こんな言葉をかけました。

「奥さんが亡くなってから不自由していることはないか」

「毎日食事は食べているのか」

部下は、寂しさと生活リズムの崩れで体調不良が続いていると話しました。

その後、部長が部下に謝罪し、部下も会社を訴えることはありませんでした。


言わば、部長と部下の板挟みに合った課長が、機転を利かせて労働問題を初期の段階で解決したケースです。こうしたケースに遭遇したことのある課長は多いのではないでしょうか。


それでは、課長がこうしたパワハラを見過ごすとどうなるのでしょうか。

ある広告代理店で起きた話を紹介しましょう。


――この会社には営業部と製作部があり、連携して仕事をしています。

あるとき、営業部長の怒号が響き渡りました。
標的は製作1課の若手デザイナー。
他の部の部長が、部署を超えて、わざわざ1人の部下を叱責し始めたのです。
社員全員、パソコンに向かいつつも仕事の手を止めて注目していました。
若手デザイナーは正座をさせられ、その前に営業部長が仁王立ちしています。
「おまえのようなセンスのない奴はデザイナーを名乗るな」
「いまの若い奴はいったい何を考えているんだ」
「辞めてもらったほうが会社のためだ」
感情的な言葉を2時間以上ぶつけまくる営業部長。
この部長は、日頃から高圧的な態度をとることで知られていました。
陰で「パワハラマン」の異名をとっています。
さて、怒られていた若手デザイナーの直属の上司である課長も、その場に居ました。
しかし、他の社員と同様パソコンに向かったまま、見て見ぬフリをしたのです。
他の部下は何度も課長に視線を向けましたが、目を合わせようとしません。
課長の上司である製作部長も、いつのまにかフロアから姿を消していました。
営業部長のほうが製作部長よりも社歴が3年先輩で何も言えなかったようです。

その後、「2時間も怒鳴り散らすのはパワハラでは」と思った社員が人事に通報。

人事部長が話を聞くと、営業部長は「俺は指導をしていただけ」。

怒られたデザイナーはおびえきってこんなことを言いました。

「あれはパワハラではありません。私がセンスないのがいけないんです」

さらに、製作部長と課長は「うちの人間が至らなかった」「気をきかせて叱ってくれた」と営業部長を擁護したのです。

人事部長は営業部長に「パワハラに当たるので指導法を改善せよ」と注意。

営業部長は「そういうものかね。時代は変わったね」というに止まりました。

若手デザイナーは、営業部長の「指導」のあった日から体調不良で休みがちに。

そして3週間後、状況が変わりました。

若手デザイナーが弁護士を通じてパワハラを理由に会社に内容証明を送付。

営業部長、製作部長、製作1課長の3人は労働問題の当事者になりました。


どうする課長!?

見て見ぬフリは禁物。「クッション役」を買って出る

厚生労働省の「職場のいじめ・嫌がらせ問題に関する円卓会議ワーキング・グループ

報告」（平成24年1月30日）によれば、パワーハラスメント（パワハラ）とは、「同じ職場で働く者に対して、職務上の地位や人間関係などの職場内の優位性を背景に、業務の適正な範囲を超えて、精神的・身体的苦痛を与える又は職場環境を悪化させる行為をいう」とされています。

上司から部下に行われるものだけでなく、先輩・後輩間または同僚間、さらには部下から上司に対してさまざまな優位性を背景に行われるものも含まれます。

先の事例のように、パワハラがあったにもかかわらず課長が見て見ぬフリをした結果、社員がメンタルヘルスに不調をきたすケースは少なくないようです。精神的に耐えられなくなり、自殺につながるケースもあります。そうなると、課長自身の責任が問われる場合もあります。**課長が直接パワハラを行ったわけではなくても、パワハラを認識しながら何の対応もとらなかったことが問題視されるのです。**

広告代理店の事例で言えば、若手デザイナーが営業部長に怒鳴られていたとき、製作部の課長が「うちの課の問題なので私が代わりに承ります」と言って営業部長とデザイナーとの間に入るべきでした。そのような「クッション役」になることも、課長の重要な役割の1つです。

Case 2

セクハラする上司

どうする課長!?

自分だけで対処せず人事部に相談

セクハラには「対価型セクハラ」と「環境型セクハラ」の2種類があります。対価型セクハラとは、上司の立場を利用して交際を強要し、それを拒否した相手を解雇したり、降格したりなどの不利益な取扱いをすることを言います。

環境型セクハラとは、対価を要求しないまでも、性的な言動によって相手がその職場で働きにくくなるようなものを言います。とくに環境型セクハラの場合、やっている本人には自覚がないケースも多いので注意が必要です。

あるスポーツジムでのことです。

インストラクター（部長相当）が受付の女性にセクハラを繰り返しました。

後ろから抱きつく、胸を揉む、尻に股間をなすりつける。

そんな明らかなセクハラが半年間続きました。

受付は何人かいましたが、ターゲットになったのはその20代の女性1人。

女性は耐えられなくなり、「私、死にます」と直接社長に告げます。

女性は直属の上司であるサブ・マネジャー（課長相当）に何度もセクハラについて報告していました。

しかしサブ・マネジャーは対処しようとせず、女性は耐えかねて社長に直訴したのです。

社長が問い詰めると、インストラクターはあっさり非を認めました。

慰謝料を支払い会社も退職し、職場には二度と顔を出さないことで和解しました。

どうする課長!?

自分だけで対処せず人事部に相談

この事例における課長（サブ・マネジャー）の対応はよくありません。

課長は自分の職場の問題は自分で片付けようと思い、セクハラが起きているという情報を上にあげませんでした。もちろんインストラクターは、サブ・マネジャーの上司にあたるわけですから、インストラクターに報告するのではなく、さらにその上や人事部に報告・相談すべきだったと言えます。自分の上司を「売る」ことになるので躊躇する気持ちはわからなくもないですが、この課長の行動は、セクハラを容認しているのと同義だとみなされます。職場環境を整える義務を放置しているとも言えますから、さらに責任は重いのです。

会社は、労働契約に付随する義務として、健全な労働環境を保全する義務を負っています。その義務の一次的な履行者が、現場の責任者である課長なのです。

つまり、課長の怠慢は、会社の債務不履行につながります。そうなると、被害者から会社への損害賠償請求が認められる要因となります。

それだけでなく、課長が職場環境の悪化や上司のセクハラを止めなかったということが「不作為による不法行為」となり、被害者から課長個人に対する損害賠償請求も理論上可能となるのです。

一方、事例のような明らかなセクハラではなく、判断のつきにくい事案もあるでしょう。飲み会の席で性的な発言が増えてきた古参社員や、何かと飲み会に誘う部長などの苦情を自分の課の女性部下が訴えてきた場合、どう行動すべきかは悩ましいところです。

ですから、課長が部下からセクハラ被害などのトラブルについて相談されたら、かならず自分の上司や人事部などに報告・連絡・相談すべきです。課長が解決できる程度であればよいですが、非常にデリケートな問題を帯びるので、自分1人で解決するのは実際のところ難しい部分が多いでしょう。

Case 3

課長に残業代を支払わない会社

どうする課長!?

①専門機関に相談する
②行動を起こすときは退職の覚悟をする

課長が、会社に対して残業代を請求してきたという相談例も少なくありません。30ページでお話ししたとおり、法律上の管理監督者でなければ、会社は課長に残業代を支払う必要があります。法律的に考えると、課長が管理監督者に当たらないと判断される可能性が高い、というのが実情です。

もし残業代に相当するような役職手当を得ていなければ、会社に残業代請求することは法的には不可能ではありません。

こうした中、残業代を支払いたくないという理由から、社員を全員取締役にしたいと考える会社がありました。

その会社の人員構成は取締役1人、社員6人。

社長「社員全員を取締役にしたいのですが、法律的に問題はありますか?」

私　「なぜそうしたいのですか?」

社長「全員の責任が明確になり、モチベーションが上がるでしょう」

口ではそういうものの、残業代の削減が目的であることは明らかです。

実態は月100時間超の残業を強いられるような状況。

私は「お気持ちはわかりますがやめたほうが良いです」とアドバイスしました。

この会社のように私に相談してくる会社はまだ良いのですが、残業があっても課長には残業代を支払わず、役職手当はわずか1万円という会社も少なくありません。私が関わったり見聞きしただけでも、課長に残業代を支払わない会社は非常に多いのです。

どうする課長!?

①専門機関に相談する

課長が30ページの管理監督者の条件に当てはまらない場合、労働者の立場を活用して行動を起こすことができます。相談先は、大きく3つに分かれます。

A. 労働基準監督署に相談する
B. 弁護士へ相談する
C. あっせんの申し立てをする

A．労働基準監督署に相談する

1つ目は、労基署に相談に行くことです。行政からの指導によって会社の不正を是正させたい場合は、労基署へ通報するのがよいでしょう。

自分の置かれている立場を説明すれば、監督官が対応をアドバイスしてくれます。会社に対して労基署の調査が入り、問題があればその程度により、指導、是正勧告、命令が出る可能性があります。

行政からの指導等が入るわけですから、遵法精神のある会社であれば、未払い残業代を支払い、適正な処理を行うよう態度を改めるでしょう。

B．弁護士へ相談する

弁護士へ相談する場合は、労働問題を専門とする弁護士に相談しましょう。労働問題を扱う弁護士のなかでも、会社側と労働者側で専門が分かれますので、この場合は労働者側の弁護士に相談することになります。

弁護士の法律相談は、労働者側の場合、無料で行われるケースもあります。また、労働者側専門の弁護士の中には、着手金を無料とし、初期費用なしで事件を受任するケースも少なくありません。その分、成功報酬は多少高めに設定されているようです。

インターネット上の無料相談を活用したり、弁護士会が行う法律相談会で担当になった弁護士に依頼するケースも多いようです。しかし、たまたま知り合った弁護士に頼むよりは、自分で調べたり、少しでも法律に詳しい知人の紹介を受けるなどして、専門性が高く相性の合う人に依頼することをおすすめします。

C. あっせんの申し立てをする

労働争議の解決方法の1つとして「あっせん」という方法があります。特定の機関が指名したあっせん委員が労使間を取りなして、話合いによって解決を図る手続きです。

あっせんを取り扱う機関は多数ありますが、利用される頻度が最も高いのが、労働委員会によるあっせんと労働局によるあっせんです。このほか、民間のＡＤＲ(Alternative Dispute Resolution)機関として、社労士会が行うあっせんもあります。

詳しくは、各機関の情報を調べてみてください。

どうする課長!?

②行動を起こすときは退職の覚悟をする

しかし、これらの行動に出る場合、課長は、会社の中で立場が悪くなる可能性を覚悟しておかなくてはいけません。

労基署に告げるとき「匿名にしてほしい」と要望すれば、通報があった旨は告げられずに調査が始まりますが、現実的に誰が通報したか絞られることが多いでしょう。そうなれば、会社に居づらくなることが予想できます。

さらに言えば、悪質な行為を繰り返す会社は、行政から注意・指導されようが、判決で負けようが、体質が変わらないものです。労基署への通報を理由に降格したり、不利益となる配置転換といった報復行為をされて、さらにそれを是正させようとするというイタチごっこになります。

時間や労力などの膨大なコストに比べて、実態を変えられる可能性が少ないのであれば、その会社で勤務し続けること自体を見直したほうが良いでしょう。

また、弁護士に相談に行くと個別の労働紛争となり、名前を出して戦うことになりますから、完全に会社と敵対関係になります。あっせんの場合も同様です。

◉残業代にこだわる課長になってはいけない

状況によっては「残業もやむなし」という場合があります。たとえば、創業間もないベンチャー企業の場合、勤務時間、給料、残業代などについて、目をつぶって走らなくてはならない時期があるでしょう。こういうケースで「勤務時間は1日8時間だから」といって課長がさっさと帰ってしまったら会社の足を引っ張ることになります。

たしかに、自分の身を守るために労働法を使うことは大事です。しかし、課長は部下を引っ張っていく存在にならなくてはなりません。課長が会社の推進力を生み出さなければいけないときがあるのです。

序章で述べた通り、「管理監督者」に該当するための要件は非常に厳しいので、法的には、ほぼすべての課長が残業代を請求できると言っても過言ではありません。しかし、あなたはお金のためだけに働いているわけではないはずです。少なくとも今、課長職にある人は、その辺りの価値観にブレがないと会社に信頼されているからこそ課長というポジションに就いているのではないでしょうか。会社からの信頼と残業代請求権。どちらが今のあなたにとって大事なのかを、請求を起こす前に考える必要があるでしょう。

Case 4

退職強要を繰り返す会社

どうする課長!?

退職強要には、はっきりとノーを

詳しくは第3章で述べますが、会社が労働者を解雇することは非常に困難です。解雇ができにくい以上、辞めてもらいたい社員に対して、会社は「話し合い」で納得してもらうしかありません。この退職勧奨に応じるかどうかは、労働者の自由です。「この会社で定年まで働きたいので辞めません」と断ることもできます。

たとえば、嫌がる労働者に対して「この会社にあなたの仕事はないので、退職したらどうですか」という面接を3、4回繰り返したとしても、直ちに違法とは判断されません。はっきり「あなたの能力は会社が求めるレベルに達していない」と言った場合も同じです。

しかし、本人が絶対退職しないとの意向を明らかにしているのに、執拗に退職を迫ったり不当な圧力を用いると退職強要となり、不法行為（民法709条）として損害賠償請求の対象となる可能性があります。具体的な基準があるわけではありませんが、1回の時間が1〜2時間程度、頻度としても週に1回程度で、本人が退職しないと明確に意向を示していないような場合であれば、許容範囲だと言えるでしょう。しかし、それを超えて執拗に行うと強要になる可能性があります。

―ある会社の営業課長が、成績不振から退職勧奨を受けました。

断ると、派遣社員が担当していたエントランスの受付業務を命じられました。
受付業務は内部、外部さまざまな人の目に触れます。
会社を訪れた取引先から、「課長、なぜ受付にいるんですか？」と聞かれることも。
会社は正当な人事権の発動として行っただけだと主張しました。
しかし、これは明らかに「嫌がらせ」すなわちパワハラに当たります。

同様に、退職勧奨を拒否したことによる嫌がらせが行なわれた事案をもう1つ紹介します。

ある人事課長は、社長の提案に難色を示しただけで退職勧奨を受けました。
人事課長は「辞める理由がみつからないので辞めません」とつっぱねます。
すると「君は管理職に向いていないので人事課長を解く」と言われました。
人事課エリアから少し離れたところにポツンと置かれた席に配置。
仕事は何もなく、1日中ネットの記事を読んでいるだけ。
4月になり、自分が採用面接をした新入社員が人事課にやってきました。
「あれ、課長どうしたんですか？」「いや、俺はもう課長じゃないから」

さらし者にされる苦痛に耐えかねて「もう辞めたい」と思いました。

しかし「辞めたら会社の思うつぼだ」と一念発起して労働審判を起こします。

結果的に、この人事課長は１０００万円の和解金を受けとって退職しました。


反対に「退職強要ではない」と判断されたのが「日本ＩＢＭ退職強要事件」（東京高裁　平成24年10月31日判決）です。


会社は業績不振と将来の見通しの不透明さを踏まえ退職勧奨を実施。

退職勧奨に応じた際の条件は次の通りです。

「最大給与15か月分の支援金支給」「再就職支援会社の費用の全額会社負担」

対象者は、業績の低い社員から選出。

面談の際、対象者に対して人格を傷つけるような言動を行なわないよう、面談担当者向けの研修を行なっていました。

しかし、従業員４人が、「会社が行った退職勧奨は違法な退職強要だ」「精神的苦痛を被った」、などとして損害賠償を求めて訴えました。

東京地裁（一審）では、「従業員が退職勧奨に消極的な意思を示したとしても、直ちに説得活動を終了しなければならないものではない」「従業員が衝撃を受けたり不快感や苛立ちなどを感じたりして平静でいられないことがあったとしても、それをもって直ちに違法となるものではない」として請求を棄却。

高裁も、結論として一審の判断を維持しました。

どうする課長!?

退職強要には、はっきりとノーを

課長の場合、自分が退職強要されるだけでなく、上司の指示で部下の退職勧奨を行うこともあります。

その際の退職勧奨からトラブルに発展するケースが増えています。厳しい雇用環境のなかで納得できる仕事を見つけるには、相当の時間がかかります。生活費を確保したいと考え、簡単に退職を受け入れられないのは自然な感覚でしょう。

また、健康に不安のある社員であれば、その分、退職勧奨に関するトラブルが起きやすい傾向にあります。とくに糖尿病や心臓病、高血圧など、重度の成人病を患っている労働者は、なかなか会社を辞めません。

そうした事態を踏まえて、**上司から退職勧奨を指示された場合には「これ以上行うと**

退職強要になるのでやめたほうが良い」と言ったり、逆に自分が退職を強要された場合には、「これは退職強要になるのでやめてください」とはっきりノーを言うべきです。

「どんな手を使ってでもあいつを辞めさせろ」などと上司から言われたときは、「私たちが対応を誤ると、部長や私が逆に訴えられることになります」と言って、人事につなぐのが無難です。または、58ページで紹介した外部への相談を検討しましょう。

Case 5

降格・降給が横行している会社

どうする課長!?

降給は就業規則に規定がなければ戦う余地あり

社員をどう処遇するかは、基本的に会社の人事権の裁量の範囲内です。退職勧奨を拒否したことによる報復など嫌がらせ目的で行なった場合は別ですが、そうした特段の事情がない限り、直ちに違法とは判断されません。1つの事案を紹介します。

ある課長が、取引先から回収した現金を着服しました。
課長は懲戒処分として2週間の出勤停止に加え、平社員に降格となりました。
課長は、この処分を不服として会社を訴えます。
課長の主張は2点あります。
「懲戒処分を受けたら課長職を解く」と就業規則に明記されていない点が1つ。
もう1つは、1つの事案について2回罰せられたこと。
出勤停止処分に加えて降格処分を受けるのは二重処罰になるという主張です。
しかし、これらの主張は認められません。
課長職を解くのは、懲戒処分ではなく人事上の措置だからです。
必ずしも就業規則に書いていなければできないわけではありません。
そして、懲戒処分とは別の手続きなので、二重処罰にも当たりません。

どうする課長!?

降給は就業規則に規定がなければ戦う余地あり

一方、課長が降給されるケースは、条件付きですが会社に抵抗することができます。

たとえば基本給30万円の課長が「仕事ができない」という理由で、基本給15万円に降給されたとします。この場合、降給の根拠となる規定が就業規則に明記されているか、給与規程、評価基準にそって透明公正に行われた処分なのかが重視されます。もし明記されていなければ戦う余地があります。

また、金額の幅も争点になります。30万円を15万円にすると、明らかに生活が困窮します。「生活が脅かされる」という趣旨で抵抗することもできるでしょう。

一方、基本給ではなく、役職手当を10万円もらっていた部長が、課長に降格になり、10万円の役職手当が5万円になったとしましょう。

このような役職手当の減少は、嫌がらせ目的など不当な降格であると認められる場合でない限り、直ちに違法になるわけではありません。

Case 6

休憩時間の扱いがおかしい会社

どうする課長!?

労働基準監督署に相談する

第3章で詳説しますが、一般的に、8時間労働の会社であれば、休憩時間は1時間とするケースが多いでしょう。しかし、この休憩時間の規定を都合良く解釈する会社もあります。


あるジュエリーショップは11時開店、23時閉店。稼動時間は12時間。

仮に1人が通しで店番をすると、4時間分の割増賃金を支払う必要があります。

そこで、この店では休憩時間を4時間にしていました。

オーナー曰く「お客の来ないときに店員が読書しているから休憩時間にした」。

しかし、接客はしていなくても店番をしているわけですから、法的にはオーナーの主張は当然認められません。


別の、ある障害者訓練施設の話です。


施設内に10人の障害者（利用者）が働いており、ここをスタッフ1人で見ています。

就業規則には「1時間半休憩」とありますが、実際には取得困難な状態。

スタッフが「十分な休憩時間がとれない」と訴えると会社は「利用者と一緒に食事し

ている間は休憩だ」と主張。

スタッフは反論します。「いや、数分の間に食事を喉に押し込んでいるだけだ」

「自分の食事中も利用者がきちんとできているか注意していなければならない」

「トイレもサッと短時間で済ませている。まったく気が休まらない」

それでも会社は「障害者が休憩している間に細切れに休めたはずだ」と主張。

スタッフは休憩時間がゼロだったと主張してその分を残業代として支払うよう提訴。

会社は右記の通り主張しましたが、会社の主張を裁判所は認めませんでした。


細切れでは休憩だと認められません。休憩とは、使用者の指揮命令下を離れて自由に過ごすことができる時間を言います。最低でも30分程度なければ、自由に時間を利用することはできないからです。

どうする課長!?

労働基準監督署に相談する

この場合は、会社に休憩の運用そのものの見直しを求めることになりますから、容易なことではありません。もっとも、すでに労基法違反が生じているので、上司や会社が聞く耳をもってくれなければ、労基署に相談してください。

Case 7

オーナー会社にありがちな悲劇

どうする課長!?

①長いものに巻かれるか、別天地を探すか
②解雇無効の争い方2つを覚えておく

オーナー社長が一代で築き上げた会社は、当然ながらオーナーの意向が強く働きます。会社のヒト、モノ、カネについて、オーナーが「自分自身の所有物」と考えているケースが多いからです。

あるオーナー社長は、昇進・昇格・配置転換など、すべてを思いどおりに決めていました。突然、「○○課長は、来週から名古屋支社に行ってほしい」、「営業の○○課長は明日から私の運転手になってほしい」などと言い出します。あるときは、キャバクラで気に入った女性をいきなり役員にして周囲を驚かせました。

学習塾を経営する会社の話です。

大手予備校の管理部門にいたオーナー社長の息子が専務として入社しました。

社長は「専務を私の後釜にしたい」と考えています。

しかし、部課長たちはまだ20代で世間知らずの専務を認めていません。

あるとき、専務は自分の悪口を言われているという噂を聞きました。

指導課長と経理課長が「使えないバカ息子」と話していたというのです。

「俺の悪口を言うとはけしからん」、「明日から来なくていい」

そう言って、２人の課長を即刻解雇しました。

当然、裁判所は解雇無効と判断し、会社はやむなく解決金を支払って和解しました。
それでも、社長の代替わりは既定路線です。
社長は息子に経営権を譲ることを決めています。
そして課長2人は、割り切って別の会社へ転職したのです。

どうする課長!?

①長いものに巻かれるか、別天地を探すか

こうした会社ではオーナー社長は「神」にも近い存在だったりします。あるオーナー社長に対し、私が「就業規則を見せてください」と聞いたところ、「そんなものはありませんよ。私自身が就業規則なんですから」と言われたことがありました。就業規則がないことも問題ですが、仮にあったとしても「自分がルールブック」という意識が根付いている以上、実態はあまり変わりがないかもしれません。

こうした会社では、課長がオーナー発の労働問題に巻き込まれやすくなります。たとえば強硬な退職勧奨を受ける、賃金をカットされる、不当な配置換えをされるなどです。
このような場合に肝に銘じておくべきは、正当性と待遇の両方が得られる可能性は低

く、むしろトレードオフの関係にあるケースが多いということです。

労働基準監督署に訴えたり、会社相手に訴訟を起こして自分の正当性を主張することはできます。しかし、正当性が認められることと、その後も同じ会社で仕事を続けられることとは別問題です。「ルールブック」に逆らったのですから、社内での冷遇は覚悟しなくてはなりません。

オーナーと一戦交え、自分の正当性を主張するなら、会社に残るという考えは捨てたほうが良いでしょう。経営者への一歩を踏み出したとも言える課長というポジションを考えれば、多少の不当な扱いは我慢し、オーナーの意向に逆らわずに生きていくという選択肢もあります。うまくいけばさらに昇進する可能性もあります。

どうする課長!?

②解雇無効の争い方2つを覚えておく

このように、会社に訴えを起こす労働者は、必ずしも会社に戻りたいと考えているわけではありません。感覚的には、１００人いたら95人くらいは「お金さえもらえれば良い」「この会社では二度と働きたくない」と心の底では思っているのではないでしょうか。しかしながら、訴訟等で争うときには、表面上は会社に戻ることが大前提となります。慰謝料さえもらえれば良いという戦い方では、トータルで勝ち取ることのできる金額が下がるからです。

解雇無効の争い方は2通りあります。

1つは**「解雇は無効でまだ雇用契約は続いているのだから、今までの給料を全部支払ってくれ」**というものです。時間がかかればかかるほど過去の給料の分が増えていくので、金額は大きくなります。単純計算で言えば、訴訟が終わるまでに1年かかったら1年分の給料がもらえるわけです。

もう1つは、解雇時に次の会社が決まっていたり、すでに働いていたりする場合にとられる方法で、**「不当な解雇をされたことによって精神的に傷ついたから慰謝料を請求する」**というものです。こちらは、慰謝料の金額はそれほど多額にはなりません。転職先を探すのに通常要する期間、すなわち給料の3～4か月程度と考えられています。しかしそうなると1年間訴訟を続けて1年分全部支払わせるほうが金額が高くなるということになります。

つまり、建前でも「会社に戻りたい」という前提で訴えを起こすほうが、得られる金額が上がる可能性があるというわけです。

第2章

職場環境を悪化させる部下の特徴

続いて、労働問題を引き起こしやすい部下、職場環境を悪化させる部下のタイプを挙げます。

そして、課長がどのように対応したらよいかを考えていきます。

ここで登場する部下たちは、直接問題を起こすだけでなく、職場環境を悪化させ、チーム全体の生産性を下げることがあります。課長はそうした目で問題社員を見つめ、どう対処すべきかを考える必要があります。

Case 1

暴言を吐いたり傲慢な態度をとる部下

どうする課長!?

部下の問題行動を逐一メモする

建築会社A社の事案を紹介しましょう。総務課長は、部下のBに翻弄されていました。

Bは40代半ば、無断欠勤、遅刻の常習犯。

仕事中にパソコンに向かっている時間は、5割方FX取引に没頭しています。

課長が注意しても、反省する様子はゼロ。

「うるさいぞハゲ」「いま忙しいんだからひっこんでろ」などと言いたい放題。

しかし、FX取引の成績は良好。「自分には商才がある」「自分を重要なポストに据えれば会社を大きくする」などと豪語する始末。

課長や同僚を上から目線でバカにして、若手には高圧的に振る舞います。

小さなミスを見つけては若手を怒鳴り散らし、Bが原因で4人も退職。

やがてBがいることのストレスが、課全体に蔓延していきます。

中小企業であるA社では、総務と経理が一体的に業務を行っていました。

年度末の3月は、通常業務に決算業務が重なる多忙な時期です。

そんな中、Bはいつものように FX取引に勤しみます。

ある男性社員が「いい加減に仕事しろ!」と、ついにしびれを切らします。

Bは「俺はアホでもできる仕事はしない。せいぜい頑張れ」と発言。
男性社員は「クソ野郎！」とBの胸倉を掴んで押し倒して馬乗りに。
拳を振り上げて殴りかかろうとしたとき、同僚が慌てて取り押さえました。
この後、Bはすぐさま警察に被害届を提出。
略式起訴された男性社員は罰金50万円を支払うことになってしまいます。
そして男性社員は懲戒処分になり、地方支社へと転勤に。
Bという問題社員の存在が、新たな問題社員を生んでしまったのです。
さらに、Bは「押し倒されたときに足首を捻挫した」と訴えました。
そして「全治3週間」の診断書を会社に提出しました。
そして堂々と休暇をとり、トレッキングに出かける傍若無人ぶり。
総務課長は、「あいつを殺して俺も死ぬ」と怒り狂っていました。
他の総務課のメンバーも同じ気持ちでした。
「勤務中に株取引をした公務員が懲戒処分を受けたニュースを見た」
「それなのになぜあいつはクビにならないのですか。説明してください」
そう言って課長に詰めよる社員も出てきました。
総務課の雰囲気は、どんどん険悪になりました。

さて、この課長が何もしていなかったわけではありません。数年前からBの問題行動を人事に相談していたのです。しかし、そのたびに「そのうち対応をするから少し待ってほしい」と言われるものの、一向に会社が動く気配はありませんでした。

実は、Bはもともと愛社精神が強く、将来有望な社員だったのです。仕事も真面目にしていました。しかしある時、前社長と趣味のFX取引の話で意気投合したことを契機に、Bは自分は会社に認められた特別な存在なんだと思うようになります。それからというもの、経営幹部に「俺を役員にしろ」と言うなど態度が豹変。「会社を大きくするには俺が社長になったほうがいい。会社の金を運用して利益を増やす」と主張するほどに愛社精神はゆがみ、いつの間にか上司や同僚を下に見るようになったのです。

どうする課長!?

部下の問題行動を逐一メモする

さて、問題行動を繰り返す部下がいた場合、課長には何ができるのでしょうか。もちろん、まずは毅然とした態度で注意することですが、それでも聞かない場合は、部下の行動記録をつけるようにすると、後々役立つことがあります。

先ほどのA社の話には、後日談があります。

総務課長は、Bの問題行動をメモしていました。

「20××年6月14日14時　Bが仕事中にFX取引」

「20××年7月9日15時　BがCに暴言。役立たず、辞めてしまえ、など」

「20××年8月22日9時　Bが課長に暴言。ハゲ、アホなど」

このように事細かに書き留めた社員Bの問題行動は、4年間で約300件に及びました。これが重要な役割を果たしたのです。

A社は、さすがにこれ以上Bを放置できないと覚悟を決め、ついにBを解雇しました。Bは労働審判の申立てをしましたが、課長のメモが重要な証拠となり、裁判所は解雇の正当性を認めました。

このようなとき、**録音のほうが生々しい記録として残るだろうと思われがちですが、あとから弁護士などと情報共有する場合には、メモにまとめておいたほうが早く理解してもらえます。**ただし、面談をする場合には、録音したほうが良いでしょう。

Case 2

正義感だけで闇雲に突っ走る部下

どうする課長!?

じっくり話して、俯瞰的な物事の見方を教えるある食品メーカーでの話です。
この会社では工場排水の管理を厳格に行ってきました。
しかし従業員の間で、環境基準を超えた汚染水を河川に放流しているという噂が発生。
社員Aはこの噂を真に受けて上司に報告します。
上司は「調査することになったから少し待つように」と返答。
しかしAは、なかなか本腰を入れて調査をしない会社に不信感を募らせました。
「会社は動く気がない。汚染水の放流をもみ消すつもりだ！」
その3日後、マスコミに「うちの会社は環境破壊を行っている」とリーク。
テレビ局、新聞社、雑誌社宛てにファックスを送信したのです。
しかし、のちに噂は事実無根と判明。
マスコミも、Aのファックスを気に止めることはありませんでした。

仮に環境基準を超えた工場排水を放流していたのであれば、それを問題視すること自体は間違ってはいません。汚染物質の排出は直ちに止めなくてはなりません。
しかし、いきなり内部告発する前に、別の改善方法があったはずです。マスコミが騒ぎ、住民運動が起きたりすれば、工場が操業停止に追い込まれたり、自社製品の不買運

動が起きる可能性もあるわけです。

正義感だけで突っ走ってもよい結果が生まれるとは限りません。

どうする課長!?

じっくり話して、俯瞰的な物事の見方を教える

「あ、自分の部下はこのタイプかもしれない」と思った課長は、日頃からその部下の話をよく聞く必要があります。正義感だけで闇雲に突っ走るということは、近視眼的になりやすいということです。課長が俯瞰的かつ客観的に物事の流れを説明しなければ、すぐに間違った行動に走ってしまう可能性が高いのです。

一朝一夕にはできないことですが、課長と部下の間に、何でも話せるような人間関係の下地が構築できていれば、こうしたトラブルは未然に防ぐことができるでしょう。

右ページの部下であれば、普段のコミュニケーションの中で「会社を訴えようと思います」と言い始めたら、それを行った場合どうなるかを、2人でシミュレーションするのも良いでしょう。**頭ごなしに「やめろ」というのではなく、部下の理解や想像力を喚起させるよう、丁寧に話を聞くことが大切です。**そして、メリット、デメリット、リス

クや代替案など、部下といっしょに考える姿勢を示すのです。

これは、部下の問題行動を抑制する効果があると同時に、課長自身の部下観察力を磨くトレーニングにもなるはずです。

さらに言えば、こうした課長の行動は、部下の立場を守ることにもつながります。なぜなら、会社はときにこうしたタイプの社員を潰しにかかるからです。私自身、経営者から「協調性のない社員を辞めさせたい」という相談を受けることが少なくありません。経営者は「問題社員」であることを強調しますが、実際には、コンプライアンス違反だと騒ぐ社員を単に黙らせたいと考えているだけという場合もあります。

部下の意識を質し、部下を守ることができるのは、課長だけなのです。

Case 3

能力に対して給料が高すぎる部下

どうする課長!?

①給料を下げるには部下の同意が必要だと知る

②「給料泥棒」という考え方をやめる

③指導せよ。ただしパワハラに注意

給料の高い部下が労働問題を引き起こすケースには、いくつかのパターンがあります。そのうち代表的なものを2つ取り上げましょう。

パターン① 課長の反感を買う

あなたは、自分より給料の高い部下がいたらどう思いますか。正直なところ、「おもしろくない」と感じることでしょう。ある消費材メーカーの話です。

営業課長は、ある部下の給料の高さに常々「給料泥棒」と思っていました。
前任の課長が、この部下を高く評価し、給料を上げていました。
しかし、自分が課長になってからはノルマ未達の繰り返し。
「この程度の仕事しかできないやつに、こんなに給料を支払うのはおかしい」
課長は毎日苦々しく思っていました。
こうした意識が、態度や発言の端々に表れるようになります。
ある日、部下が基本的な契約ミスをして、商談をまとめるのに失敗します。
すると課長は、他のスタッフの前でこう言い放ちます。

「新人でもしない凡ミスをするくせに、バカみたいに高い給料もらってんだもんな！」

部下はカッとなって課長につかみかかりました。

周囲の社員がいさめ、その場は何とか収まりました。

その後も課長はねちねち攻撃を続け、営業会議などの場で陰湿な呼称を使い始めます。

「この高額所得者が6か月連続でノルマ未達です」

「自分の給料の半分も稼いでません。他の社員に養ってもらっている状態です」

「この案件は簡単すぎて富裕層には物足りないかな」などとバカにし放題。

やがて部下はうつ病になり、休職しました。

この課長の行為は、明らかにパワハラです。ここまでやる人は少ないかもしれません。

しかし、ノルマ未達が続いているのに自分より給料の高い部下がいたら、あなたはこの課長のようにならないと言い切れるでしょうか。

別の外資系金融会社の営業課長も、部下の給料が高いことに不満をもっていました。

数年前に2つの金融会社が合併。元の会社の給与体系を維持することになり、出身が違う課長と部下の給料が逆転。課長はこの部下を「給料が高いくせに全然仕事ができない」と感じています。次第にコミュニケーションの機会が減り、会議以外では話をしなくなりました。営業課にはピリピリした空気が漂い、チームとしての団結力は失われ始めます。間もなく課の成績が急激に落ち、会社は人員配置を考え直さざるをえなくなりました。

陰湿なパワハラに発展しないまでも、課長が不満を持っていれば、必ず何らかの形で課内に伝わり、メンバーのモチベーションを下げます。部下は、課長が思っている以上に課長のことをよく見ているものです。

パターン② 他のメンバーのモチベーションを下げる

特定の給料の高い社員が、他の課員のモチベーションを下げるケースもあります。

――地域密着型のフリーペーパーを発行する会社での出来事です。

編集補助を担当する3人の古参パート社員は、時給2700円、月給42万円。営業を担当する正社員の平均月給30万円よりもはるかに高額でした。

この3人の時給は、当初1000円でした。

3人ともに地域に顔が利き、会社の売上は順調に推移していました。

そのため、本人たちの要望に答える形で、毎年時給を上げていたのです。

気づけば、正社員の時給を大幅に上回る金額になっていました。

売上が伸び悩み、会社は3人の給料を下げ正社員の給料を上げようと考えました。

するとこの3人は外部労組に加わり会社に対して団体交渉の申入れをしてきました。

団体交渉は長期に及び、会社内の「和」は途絶え、雰囲気は悪化の一途を辿りました。

次第に全社員のモチベーションが低下し、離職者が増えていきました。

会社は労働法上、3人の同意なしで給料を下げることはできません。

3人は今も、毎年春闘で賃上げを要求してきます。

そうした状況では、正社員の給料だけ上げることは難しいでしょう。

正社員の給料を上げれば「パートの給料も上げろ」と主張するのは明らかだからです。

これは、パートの給料を安易に上げたことで、会社経営の危機を招いた事例です。もし、経営側の誰か一人でも基本的な労働法の知識を持っていれば、この事態を予測できたはずです。

それでは、給料の高い部下が周囲に悪影響を及ぼしそうになったとき、課長はどう対応したらよいのでしょうか。

どうする課長!?

①給料を下げるには部下の同意が必要だと知る

まず、「給料を下げるには部下の同意が必要」だということを知っておいてください。給料アップは労働者に有利な施策ですから簡単にできますが、ダウンは部下の不利になるため労働者の同意が必要になるわけです（労働契約法9条）。

中小企業の中には、「原油高が進行して利益が落ち込んでいるから、半年間全社員の給料を5％カットする」などとして安易に給料を下げる社長がいます。そこで社員が「原油高では仕方がない」とあきらめるケースもあるでしょうが、社員が不同意による減額だと主張して提訴した場合、会社に勝ち目はほとんどありません。

もっとも、変更がどうしても必要で、変更理由が合理的であって、変更後の内容が妥当であること、さらに、社員にきちんと説明し協議を尽くしてきた場合などの一定の条件を満たせば、不利益変更が認められないわけではありません（労働契約法10条）。

たとえば、高層ビルの高所作業をしている会社において、就業規則で定年を70歳と規定していたとします。70歳は一般的な定年年齢と比べて高いこと、高所作業には危険が伴うことから、定年を他社並みの65歳に変更したいと考えたとします。これは労働者にとっての不利益変更ですが、変更後の内容は合理的と判断できますから、きちんと社員に説明して協議を尽くすなど一定の手続きを踏めば、変更できます。

社員の同意なしで勝手に給料を下げようとして、大きな労働問題に発展したケースがありました。

特殊な部材を製造しているあるメーカーの話です。
社員数20名、社長、副社長のほかは全員ヒラ社員。
創業当初は競合が少なく業績が良かったため、毎年給料を上げてきました。
しかし数年で競合が増え、リーマンショック以降業績は急激に悪化。
そこで「不景気では仕方がない。社員も納得してくれるだろう」と考えた社長。

何の相談もなく給料を下げようとしました。
すると社員は組合をつくり、外部ユニオンに駆け込みました。
団体交渉には外部組合員がやってきて、大声で怒鳴り散らします。
結局、給料を下げることはできませんでした。

賃金を下げようと思ったら、長い時間をかけて本人に説明し、同意のうえで給与を下げるしかありません。

これらの知識を、社長ではなく、課長が身につけていることのメリットは、社長や経営層がこれらの知識をもっていなかった場合に、「会社に不利になりますよ」といさめることができる点です。部下に対しては「会社の存続に関わる危機である」と伝えます。

このように課長には、協議の潤滑油としての役割を担うことが期待されます。

どうする課長!?

②「給料泥棒」という考え方をやめる

仕事で実績を残さない部下を、安易に「給料泥棒」という課長がいます。この給料泥棒という考え方が、課長の心のなかにある嫉妬や憎悪を燃やし、労働問題のはじまりになることが多いのです。

実は、給料泥棒という考え方が、そもそも間違っています。労働者の債務は、労働力を提供すること、正確に言えば、「労働力を提供可能な状態に置くこと」です。**労働者が午前9時から午後5時まで労働力を提供したとして、その労働力を上手に活用できるかどうかは課長次第です。**出社早々自席でネットを見ていて定時にさっと帰ったとしても、法的に言えばその部下に債務不履行があったことにはなりません。部下は、デスクに座って働ける状態にある時点で法律上の義務を一応果たしていることになりますから、あとはその労働力を上手に活用できない課長の問題ということになります。

もちろん、まったく仕事をしない部下というのは極端な例ですし、そういう部下に対して給料泥棒だと思う感覚自体は「ごもっとも」です。

しかし労働法上、課長が部下に「給料泥棒」「給料が高すぎる」などと思うことは間違った考え方なのです。部下にしてみれば「会社が設定した給料なのになぜ文句を言われるのか」と言うことになります。

課長は、まず法律知識としてこのことを知っておくべきでしょう。

どうする課長!?

③指導せよ。ただしパワハラに注意

さらに課長は、部下指導がパワーハラスメントとなり、その結果として部下がメンタルヘルス不調に陥ることがないように注意する必要があります。

部下との個人面談で「あなたは給料に見合った仕事をしていない」と伝えて、責任の重い仕事を与えるなど、給料に見合ったパフォーマンスを求めること自体には問題はありません。

しかし、本人の能力を大きく超える責任や仕事を与えた場合、メンタルヘルス不調につながったり、パワハラであると訴えられたりする可能性があります。どのような行為がパワハラに当たるかは、第4章の204ページで詳しく解説します。

また、課長自身がそうしなくても、社長や上司から「負荷の高い仕事をやらせて、本人に仕事ができないことを自覚させろ。そして退職に追い込め」とか、「仕事を与えるな。干して辞めさせろ」などと指示される可能性があります。それを言われるままに実行すれば、当然ながら同様の問題が発生します。

Case 4

協調性がない部下

どうする
課長!?

①協調性に欠けるという理由では解雇できないと知る

②業務時間外の協調性を強いない

協調性のない部下に頭を悩ませる課長は多いでしょう。あるＩＴ関連会社での話です。

この会社が顧客のシステム開発を行う際には、複数の部署が連携します。
営業が仕事をとって、企画部署と綿密に打ち合わせる。
開発部隊がクライアントに出向いてシステムを作り上げる。
このプロセスに最低でも1年以上かかります。
この会社に、単独行動の目立つエンジニアがいました。
突然クライアントのところに出向いて打ち合わせを行う。
社内のコンセンサスも取らずに、勝手に開発の方向を変える。
営業がとってきた仕事に対し、突如参加を拒否したこともありました。
やりたい仕事だけやるため、プロジェクトの進捗が大幅に遅れることも度々。
見かねた開発課長は、このエンジニアをチームから外しました。
するとエンジニアは「仕事を干された。パワハラだ」と会社を訴えたのです。

次に、ある医療機器販売会社の話です。

この会社では年1回、医師を招待して新製品の発表イベントを開催しています。
大規模なイベントで、年間の販促費はほぼすべてこのイベントで消化。
営業課では、毎年イベント用のパンフレットを作成していました。
新製品の詳細情報を載せたこのパンフレットは、重要な営業ツールです。
その年も、打ち合わせを重ね、デザインを見直し、パンフレットが完成しました。
営業課長は、会場への搬入手続きを、ある社員に任せました。
しかし、イベント当日、会場にパンフレットは届きませんでした。
販売につながらず、会社は大損害を被りました。
パンフレットは、印刷所の倉庫にありました。
営業課長が問い質すとその社員は、「課長がやってくれるものだと思っていました」。

この社員は気持ちの浮き沈みが激しく、明るく振る舞っている時期があったかと思うと、突如だるそうにして無断欠勤が続くことがあったのです。仕事に集中している時期とそうでない時期がはっきりしていて、気分が悪くなると突然協調性がなくなりました。

そうしたことに配慮せず、課長はパンフレット作成を任せきりにしていました。編集やデザインは楽しそうに作業していましたが、一度印刷所の担当者ともめてから、突如やる気をなくしていたことに、課長が気づけなかったのです。

どうする課長!?

①協調性に欠けるという理由では解雇できないと知る

一人でも協調性に欠ける部下がいると業務に支障が生じ、課全体、会社全体の問題に発展してしまうことがあります。

とくに少人数で協力して仕事を進めなければならない小さな会社は、協調性のない部下の影響が強く現れることになりますから、直ちに「解雇したい」と考えるケースも少なくありません。

しかし、「協調性に欠ける」という理由だけでは解雇できません。仮に訴訟で争点になれば、「協調性に欠ける具体的事実を挙げよ」と厳しく反論されます。具体的なエピソードが無い場合、何を言っても裁判所には聞き入れてもらえないでしょう。

解雇は、あくまでも最終手段です。安易にはできません。

ですから、まずは対話が必要です。部下の意見や言い分をしっかり聞き、原因の分析を行う。問題の所在を部下とともに明らかにする。解決策を一緒に考える。あるいは解決へと導く指導をする。そうした粘り強い注意指導を繰り返し、それでもダメなら、配置転換や退職勧奨の可能性を検討することになります。**そうしたあらゆる手を尽くしても改善の兆しが見えない場合にはじめてやむをえず行う最終手段が、解雇です。**

やむなく解雇せざるを得なくなった場合、重要なのはメモやメール、録音などの物証があることです。いつ、どこで、誰が、何をしたか。具体的な証拠が必要になります。

もちろん第一にやるべきは部下に指導、注意することですが、それでも協調性のない行動をとり続ける部下がいたら、具体的にメモに残しておいてください。

どうする課長!?

②業務時間外の協調性を強いない

「飲み会に参加しない」などの理由で、「あいつは協調性がない」と決めつける課長がいます。飲み会や食事会への参加を強要したり、飲酒を強要するケースもあります。

酒を飲んでいっしょに酔っ払えば、「あいつはなかなかいいやつだ」「あいつは仲間だ」とわかり合えるというのは、もはや時代に合わない考え方であることが理解できない課長は、労働問題を起こしやすい人と言えます。

飲酒強要はパワハラに当たるとされた事件を紹介しましょう（「ザ・ウィンザー・ホ

テルズインターナショナル（自然退職）事件」東京高裁　平成25年2月27日判決）。

ある部下は極めてアルコールに弱い体質でした。

少量の酒を飲んだだけで嘔吐するような、本当に「飲めない」体質だったのです。

しかし上司は「吐けば飲める」と言って執拗に酒を強要しました。

必死で断る部下。その場は何とか切り抜けたものの、課長は不機嫌に。

このほかにも課長は、この部下に対して問題行動を続けます。

あるとき、部下が私用でミーティングに出席できなかったことに腹を立てた課長。

部下の携帯の留守電に「ぶっ殺す」と吹き込むなどの嫌がらせをしていました。

しばらくして、その部下は精神疾患を発症し、休職。

その後、会社は休職期間の満了とともにこの部下を自然退職扱いとしました。

酒席ではよくありそうなことです。しかし、裁判所では、課長の行動について「単なる迷惑行為にとどまらず、違法。元社員の肉体的、精神的苦痛は軽視できない」と指摘してパワハラを認定し、慰謝料１５０万円の支払いを命じました。

課長は、部下の協調性のあるなしを判断する大前提として、「業務時間かそうでない

か」を考えることが大切です。

たとえば、新しいプロジェクトのキックオフミーティングをしていて定時を過ぎたとします。「定時だけどもう少し延長して会議を続けよう」と言っているのに、「帰ります」というのは部下の業務命令違反です（149ページの三六協定が前提）。

しかし、キックオフミーティング後「団結を図るために飲みに行こう」と誘ったとして、「酒は飲まないので帰ります」「疲れたので行きません」と言う部下がいた場合、業務時間外ですから、判断は部下個人の自由になります。

ただ、会議後の飲み会は、現実的には仕事に関係する話で盛り上がることがありますし、よいアイデアが出るケースもあるでしょう。飲み会に来なかった部下へのフォローは必要ですし、「君に酒を飲ませないことは俺が保証するから、来ないか？」と、強制感を出さずに誘いの声をかけてあげるのが、課長の気遣いと言えるかもしれません。

Case 5

ヘッドハントされた部下・転職してきた部下

どうする課長!?

①事前調査は脱法行為
②本採用拒否が認められるケースは少ない

ヘッドハントされた部下や、転職してきた部下に特有の問題があります。
おもに、転職時に給料が高く設定されたもののパフォーマンスが期待外れというケースと、能力は高いが協調性をもって仕事をしないケースの2つがあります。

あるメーカーで、中途採用社員を名古屋に集めて合同研修をすることになりました。
その中に、50代前半の男性がいました。
採用面接時に若干違和感があったものの、営業職獲得が喫緊の課題だったため採用。
しかしこの社員、研修中に居眠りし、たまに起きてはスマホで遊んでいました。
副社長が会社の方針を語っているときも爆睡。
営業課長は「いったい何なんだあいつは」とイライラしていました。
OJTでクライアントへ挨拶周りをする日のこと。
集合時刻の8時30分に大幅に遅刻し、9時30分にひょっこり出社しました。
課長は当然「なぜ大切な日に遅れたのか」と問いただします。
しかし「大切な研修なら、なぜ私を待たないんですか！」と逆ギレ。
ついに名古屋支社長が怒り出し、「明日から来なくていい」と言いました。
すると本人は「俺は研修で寝たりしてない」と開き直り始めました。

「俺が寝ていたところを見たやつは言ってみろ」と大声で怒鳴る始末。

その後、会社に説得されて自宅待機になり、退職勧奨を受けます。

しかし、本人はこれを頑なに拒否し、会社はやむなく解雇。

すると本人は「不当解雇だ」と言って提訴しました。

曰く「自分は研修中に寝てなどいない。副社長の話は目を閉じて聞いていたんだ」

裁判所のすすめもあり、これ以上長引かせるのは会社としてかえって損失が大きいと判断。会社が50万円支払って和解しました。


どうする課長!?

①事前調査はすべきでない

こうしたことを予防するため、かつては採用時に担当者が前の職場に問い合わせ、応募者の様子を聞くことがありました。当時は個人情報に対する世間の意識が低く、話が聞けることもありました。

しかし、個人情報保護法施行後、企業は退職者に関する情報を外部に出さなくなりました。たとえば、「〇〇〇〇さんという人が御社にいましたか」という客観的事実に対する問い合わせならば、「いましたが、〇月〇日に辞めました」などと答えてくれるかもしれません。しかし、「何か問題を起こしませんでしたか」「履歴書に自己都合退職とありますが本当でしょうか」といったことに関しても答えてくれる会社はまずないでしょう。これらの質問に答えると、個人情報の漏洩になるからです。

調査会社を使って、身元、思想、組合活動の有無などを調べようとする会社もありますが、これも、厚生労働省の指導で禁止されています。

どうする課長!?

②本採用拒否が認められるケースは少ない

また、もう1つの予防策として、3か月間は契約社員として採用し、勤務内容がよければ正社員として採用、悪ければ契約を解消するという方法をとる会社もあります。

しかし、これは有期契約の3か月間がそのまま正社員の試用期間であるとみなされ、有期契約の開始日に遡って正社員として採用したものと裁判所に判断されてしまう可能性があるため、注意が必要です。

この点については、少し詳しく説明しておきます。

試用期間中もしくは期間満了時に、試用中の労使間契約を終了させる使用者からの意思表示を、一般的に「本採用拒否」といいます。本採用拒否という用語の響きからすると、試用期間が終了するまで正規の雇用契約は成立していないかのように錯覚しがちです。しかし法的には、「正規」も「試用」もなく、入社日（試用期間の開始日）からすでに雇用契約は発効しているのです（成立そのものは内定時にまで遡る）。

すなわち、試用期間中もしくは期間満了時に契約を終了させるという「本採用拒否」は「解雇」にほかなりません。

この本採用拒否が例外的に許されるのは、次の2つの要件を同時に満たす場合に限るとされています（「三菱樹脂事件」最高裁大　昭48年12月12日判決）。

①会社が採用決定後における調査の結果により、または試用中の勤務状態等により、当初知ることができず、また知ることが期待できないような事実を知るに至った場合

②そのような事実に照らしその者を引き続き当該企業に雇用しておくのが適当でないと判断することが、解約権留保の趣旨、目的に照らして客観的に合理的な理由があり、社会通念上相当と認められる場合

課長としては、採用に関わっているかどうかがポイントになります。採用面接官として採否を判断する立場にあるならば、ヘッドハンターの紹介だからといって過信することなく、その場でしっかりと能力や適性を判断する責任があります。

Case 6

やる気のない部下

どうする課長!?

目標を共有し達成させる

「やる気のない部下」。これほど課長を困らせる部下は、ほかにないかもしれません。

部下がやる気を失う原因はケースバイケースです。仕事でバーンアウトしてしまった、家庭の事情があって、ストレスが溜まって、生活リズムが乱れて。本当にさまざまでしょう。課長は、その個別の理由がわからないところから、やる気を出させる状態まで持っていかなくてはいけない。だから骨が折れるのです。

ここでは、職種や仕事内容に納得しない高学歴社員が、やる気を失ってモンスター化した例をご紹介します。

廃品回収業を営む、社員60名ほどの会社での話です。

「優秀な人材が欲しい」という社長の鶴の一声で、初めて一流大学卒の若手を採用。社長以下、全員が高卒あるいは中卒の会社でした。

その若手社員は頭脳明晰でしたが、周囲の社員が「バカ」に見えたようです。

上司に対する態度も、いちいち反抗的。

上司が気軽に仕事を頼むと、「なんで私がこの仕事をやらなきゃいけないんですか」

「これをやることにどんな意味があるんですか。どんな効果が得られるんですか」

「それを命ずる根拠は何ですか。根拠を示してください」などと言い放ちます。
上司は当然「いやいや、何を言ってるの。仕事なんだからやってよ」。
しかし「私の仕事はそんなことではありません」などと、話になりません。
上司の指示命令に対してすべてこの調子なので、次々トラブルを起こします。
あるとき課長がカッとなり、捨て台詞的に「うるせークソガキ」と発言。
若手社員はすかさず「○月○日○時○分、課長が『うるせークソガキ』」とメモ書き。
「クソガキとはどういうことですか。文字通りの言葉と解釈していいのですか」
「これを言葉の暴力であると認めますか。もしそうであればパワハラ認定されますよ」
声を荒げて猛抗議し、大騒動になりました。
課長は、恐ろしくなってその場から逃げ出してしまいます。
その後、会社が社内組合の力も借りて何度も協議の場を設け、最終的には課長が陳謝。
さらに「こんな人を課長に登用する会社に責任がある」と社長にも謝罪を強要。
社内は険悪なムードになりました。
もっとも、この若手社員は給料に不満を持っていたため、自分で転職先を確保。
最終的には、自分から辞めていきました。

課長の「クソガキ」という一言で始まった騒動は1年以上も続きました。言うまでもなく、他の社員の仕事への影響やストレス、それによる経済的損失は計りしれません。

どうする課長!?

目標を共有し達成させる

先の若手社員と課長との関係は極端な例かもしれませんが、そうでなくても、やる気のない部下を課長の力で、やる気を出させるよう指導するのは簡単なことではありません。

課長は、たとえば次のような方法で進めていくことをベースに考えるのが、1つの方法でしょう。①やる気のない原因を角の立たない方法で探り当てる→②少し頑張ればクリアできるような小さな目標を設定する→③達成したら褒める→④少しずつ大きな仕事を任せていく。

ただし、やる気のない原因がメンタルヘルス上の問題、上司や同僚からのセクハラやパワハラ、プライベートな問題も含めた業務以外のところにある場合は、そうした問題解決の助力が課長にできるのかどうか、部下に直接問いかけてみるべきでしょう。

それでもどうしても改善されない場合は、辞めてもらうしかないでしょう。やる気のない部下を放置すると、どうしても、その覇気のなさが周囲にじわじわと蔓延します。

そのときは、まずは会社の人事に相談することが先決です。そのうえで、紋切り型の対応ではなく、部下一人ひとりとしっかり向き合い、「私が君ならこう考える」という姿勢で、親身にアドバイスしてあげてください。少し面倒に感じても、それが、労働問題を引き起こさずに、穏便に辞めてもらうための近道です。

Case 7

プライベートな問題を抱えている部下

どうする課長!?

「おかしいな」と思った時点でそれとなく話を聞いてみる

誰しも、個人的な問題を抱えているものです。しかし、気持ちに折り合いがつかないくらい大きな問題は、当然仕事に悪影響をもたらします。

課長は、目の前の部下が悩んでいると、「仕事がうまくいっていないのだろうか」と思いがちですが、実際にはプライベートな悩みを抱えていることも多々あります。

問題が表面化しやすい1つの代表例は、経済的な問題。とくに借金問題です。


パチンコ店を複数経営する会社でのことです。

この会社では、売上を銀行に入金するのは、本部に報告を上げるタイミングと合わせた月に一度きりで、それまでは各店舗の金庫に現金を保管する形をとっていました。

ある日、とある店舗で、金庫の100万円とともに副店長が失踪する事件が発生。

この副店長は、時折無断欠勤するなどだらしなさが目立つ人物でした。

レンタルDVD店から副店長に対する督促の電話が店舗にまでかかってきたこともありました。

店長は副店長に対し、「気をつけろよ」と言うにとどめます。

プライベートなことにまで口を挟むべきではないと考えていたからです。

しかし、その3か月後、また同じ督促電話が店舗にかかってきたのです。

それでも店長は気にとめることはありませんでした。
さらにこの副店長はキャバクラ好きで、頻繁に通っていると店長に話していました。
失踪した副店長を探そうと店長が捜索願を出すと、実家に戻っていたことが判明。
店長が実家にかけた電話口で、副店長はこのように告白。
「キャバクラでお金を使いすぎて、消費者金融の借金が返せなくなりました」
後日、店長が副店長の自宅を訪れると、未返却ＤＶＤが山積していました。

この事案のポイントは2つ。まずは金庫の管理を副店長1人に任せきりにして、入金も月に一度だったという金銭管理体制の甘さです。
もう1つは、店長がもっと早くこの副店長のだらしなさを戒めるべきだったということです。レンタルＤＶＤ店から店舗に督促電話が何度もかかってくるというのは、見過ごせることではありません。キャバクラ通いが頻繁であることと合わせ、副店長のだらしなさの「アラート」は何度も発せられていたのです。それを放置した店長にも、責任があると言えるでしょう。

次に、家族関係・恋人関係に問題を抱えている部下です。

配偶者との死別・離婚、別居して子どもに会えなくなったなど、家庭環境の変化が精神状況に与える影響は甚大です。あるいは介護や看護を行っていると、精神的にも肉体的にも疲労が蓄積します。それによって業務に集中できなくなり、やる気がないように見えることがあるのです。

不動産業を営む中小企業での出来事です。

ある男性社員は父親の介護をしていましたが、それを上司に話していませんでした。妻とは数年前に離婚し、父親と2人で自宅に住んでいました。

日中はデイサービスやヘルパーを利用し、所定勤務時間後はすぐに退社。課長や同僚が飲み会などに誘っても、断り続けました。

「つきあいの悪いヤツ」「アルバイトでもやってるのかも」。周囲は噂しました。

ところが、介護が1年を越えた頃から、精神的、肉体的な疲労が限界に達します。

仕事中に居眠りをしたり、物件を間違えてお客様に案内してしまうといったミスや、書類の誤字脱字も目立ってきました。

そんな折、ある会議の席で、課長がその男性部下に向かってこんなことを言います。

「最近ミスが多いぞ。夜遊びはほどほどにしろ」

—するとその部下は課長の首を絞め上げ、顔面を殴りつけました。

課長は軽い気持ちで注意をしたつもりでしたが、介護につかれた部下の心に余裕などなく、爆発してしまったのです。人事が仲裁に入って面談をしたところ、その部下が１年以上も父親の介護を続けていたことがようやくわかったのです。

どうする課長!?

「おかしいな」と思った時点でそれとなく話を聞いてみる

会社で過ごす時間は、１日の３分の１にすぎません。課長は、目の前の部下の様子を仕事の軸だけで判断しがちですが、当然ながらそうとは限りません。

「仕事にプライベートを持ち込んではいけない」とか「部下のプライベートに踏み込んではいけない」ということと、仕事にも影響が出るくらい大きなプライベートな問題を抱えている部下を放っておくことは、別問題です。**課長が「仕事に悪影響が出ている」と感じた時点で、課長が口を出しても良い状況だと判断してください。**

パチンコ店の事例では、レンタルＤＶＤ店からの度重なる督促やキャバクラ通いという部下の行動を、上司が「アラート」として察知できなかったことが、横領・失踪という結果につながったと言えます。部下のだらしなさを放置するということは、そのだらしなさを認めていることと同じです。会社のお金を任されている部下の金銭管理がだらしなかったら、それを見逃してよいはずはありません。

とはいえ、介護の事例などを考えれば、プライベートかつデリケートな話題に触れるかもしれない部下へ、どのように話しかけたら良いかは悩ましいところです。そんな「放っておけない」と思った部下へのアプローチとしては、相談にのるという形で話しかけると、角が立ちにくいでしょう。

「何か悩みでもあるのか」「最近集中力が落ちているようだが、何か気になることでもあるのか」「私でよければ相談にのるよ」。まずはそんな言葉で話しかけ、少しずつ様子を探っていきましょう。

部下が家族関係に問題を抱えているような場合、課長は、それとなく「最近よく眠れているか」「食事をきちんと食べているか」などと声をかけてみてあげてください。「長くはならないから」とランチに誘ってみるのも良いでしょう。そこでもし「実は……」と打ち明ける流れになったら、個別に面談をして、一度じっくり話を聞いてみてください。

事例の介護のケースでも、様子が変だなと思った時点で声をかけていたら、結果は違っていたはずです。「最近疲れているみたいだが、大丈夫か」という聞き方をしてあげていたら、「すみません、実は父親の介護で……」とこぼし始めたかもしれません。

そうすれば課長は、この部下の仕事の負担を軽くすることもできるでしょう。あるいは、毎日早く帰ることについて課内で事情を共有できれば、本人の精神的な負担はずいぶん軽くなったはずです。

◉消費者金融業者から督促電話がかかってきたら

部下がいわゆるヤミ金業者から借金を抱えていた場合、部下のところへ圧力を伴った返済督促の電話がかかってくることがあります。頻繁にかかってくると、当事者はもちろん、周囲も仕事に集中できなくなります。こうした電話は、本人に取り次ぐべきではありません。

課長はまず、電話をとる課員たちに対して「業務に関係ない電話はつなげないと言って切るように」と指導してください。それでもかかってくる場合は、課長自ら電話に出て、「業務妨害になるからかけてこないでほしい」「これ以上かけてくるようなら警察に相談する」など毅然とした対応をとる必要があります。

悪質な金融会社が「社長を出せ。社員が金を返さないのだから、社長が肩代わりしろ」などと言うこともあります。しかし、この類の請求は不当です。業務妨害の電話こそ違法行為なので、業者を取り締まってもらうよう警察に相談してください。

また、このような事案であれば、問題を抱える部下に過払い金があるかもしれないので、債務整理専門の弁護士のところへ相談に行くよう、アドバイスしてあげるとよいかもしれません。

Case 8

時間にルーズな部下

どうする課長!?

①仕事ができている部下にこそ、時間の大切さを自覚させる

②本人からメンタル関連のワードが出てきた段階で診療をすすめる

最近、無断で遅刻する社会人が増える傾向にあるようです。

あなたのチームにも、毎回必ず遅刻してイライラさせられたり、到着してから「ちょっと電車が遅れていて」「体調を崩してしまって」などと言い訳する部下がいるかもしれません。

私の知る会社でも、毎日必ず3分遅刻する社員がいました。会社は電車の駅から徒歩5分の距離にあります。にもかかわらずこの社員は毎朝8時58分に到着する電車を利用するため、始業時刻の9時に必ず3分遅刻するのです。

この社員が利用する電車は10分に1本しかないのですが、普通に考えれば、1本前の8時48分に到着する電車を利用すればよいだけの話です。しかし、遅刻を注意されたこの社員は、「電車が10分に1本しかないのが悪い」と開き直る始末。このような自分勝手な人もいるのです。


遅刻を繰り返す人には、大きく2つのパターンがあります。1つは、遅刻がもたらす影響に気づいていないこと、もう1つはメンタルヘルスの不調です。

どうする課長!?

仕事ができている部下にこそ、時間の大切さを自覚させる

まず、そもそも部下が時間管理の大切さや、自分が遅刻することで周囲にどれほどの迷惑がかかっているかを自覚できていない場合があります。

「そんなことも自分で気づけないのか」「社会人として常識がなさ過ぎる」と思うかもしれませんが、事実としてそういう人はいます。あなたの部下の行動は、あなたの責任になりますから、見過ごすわけにもいきません。

「なぜ遅刻してはいけないのか」ということに関する法的根拠は、比較的簡単に説明できます。労働者の債務は、「始業時刻までに労働力の提供が可能な状態に自分を置くこと」です。ですから、部下の遅刻は労働契約の債務不履行に当たります。

「9時始業」とは、「9時から仕事ができる状態にある」ということです。「5分遅刻したってノルマの2倍稼いでいるんだから許されるだろう」というのは、心情的には納得できても、労働法的には債務不履行です。課長はこうしたことを理解させなくてはいけません。

現実的には、むしろ仕事ができている部下にこそ、「時間管理にはしっかりしたほうが良い」と釘を刺すべきだと言えます。結果さえ出していればプロセスはどうでもよい

という考えが課に蔓延してしまうと、秩序は乱れ、統率がとれなくなり、個人商店の寄せ集めになってしまいます。これでは、「課」というチームの意味がありません。

何度注意・指導を繰り返しても遅刻が直らなかったり、5分程度ではなく午後出社を繰り返すケースもあります。業務にも多大な影響が出る場合がありますが、だからといって遅刻だけを理由に直ちに解雇することはできません。どうしても部下のライフサイクルが改善しないのであれば、部下と話し合ったのちに、「朝が弱いのであれば、夕方から夜にかけてできる仕事を他で探してはどうだろうか」と、穏やかに退職勧奨するのが現実的でしょう。

どうする課長!?

本人からメンタル関連のワードが出てきた段階で診療をすすめる

もう1つは、メンタルヘルスの不調から遅刻や欠勤を繰り返すケースがあります。本人が出社しようと思ってもできないのであれば、メンタルヘルスの不調の可能性があります。**しかし、いきなり「うつ病かもしれないから医者に行きなさい」などと言うと別のトラブルにつながる可能性があります。**

そこで課長は「きちんと睡眠を取れているか」などと声をかけてください。部下と対話を重ねるうちに、「最近眠れません」「悩み事について考えていると鼓動が激しくなります」「もしかしたらメンタルヘルスの不調かもしれません」などの言葉が出てきた段階で、「一度心療内科に相談に行ってみたらどうだろう」などとアドバイスするのがよいでしょう。

Case 9

不正を行う部下

どうする課長!?

小さな不正のうちに笑いながらつぶしておく

課長が小さな不正を見逃していると、不正を許容する空気が課内に広がり、やがては大きな不正につながります。

不正は、交通費を余分に申請するなど小さいところから始まります。文具を自宅に持ち帰る、処分するはずの古いデジカメが消えるなどが積み重なり、横領やキックバックなど大きな不正に発展していく、というケースが多いものです。

オフィス什器を扱う大手販売代理店での出来事です。

ある課長が、部下同士で話をしている横を通りかかったときのこと。

「引っ越しの片づけが終わらない」と、1人の部下が言っているのを耳にしました。

しばらくしても、交通費変更の届出はありませんでした。

数か月後、「引っ越したのか」と聞くと、「いいえ、同じところに住んでいます」。

しかし、実際は会社の近くに引っ越していました。

引っ越し前の住所のほうが交通費が高かったので、あえて届け出なかったのです。

もちろん、このような不正は各種の人事関連の事務でいずれ明るみに出るわけですし、些細な不正かもしれません。しかし、このような部下はやがて大きな不正を働く可能性がある要注意人物だと言えるでしょう。

どうする課長!?

小さな不正のうちに笑いながらつぶしておく

組織で生きていく以上、規律は大切です。あやふやな規律の中に身を置く社員は、どうしても「なあなあ」な働き方になります。課長が小さな不正を許さない姿勢を貫くことが、課内の秩序を守ることになります。

繰り返しますが、不正は小さなものから始まります。だからこそ、小さな不正のうちに潰しておく必要があるのです。不正経理などの事件になってからでは手遅れです。

とはいえ、部下が1本ボールペンを持ち帰っていたくらいで、がなり立てるほど叱責していては、融通の利かないヒステリー課長だと思われるでしょう。部下も、自分が悪いことをしていることはわかっているわけです。**だから、自分のしたことが恥ずかしくなるように、控えめに、でもしっかりと小さな芽をつぶしていくのが効果的です。**

そして、当然ながら課長自身も襟を正す必要があります。たとえば、同僚との飲食を取引先を接待したことにして、領収書を会社に提出する課長がいました。部下は、課長の挙動を想像以上に細かく観察しているものです。少しでも課長が不正をしていると思われれば、どんなに厳しくしても説得力はありません。

だからこそ、課長自身が、職場のルールを守る風土をつくることがとても大切です。ルールが形骸化していると、小さな不正を行う社員が生まれる温床になります。顕在化した問題を対症療法的につぶしていくだけではなく、課長自身が率先してルールを守る姿勢を見せることが、不正をなくし、職務に集中してチームの生産性を上げることにつながっていくのです。

Case 10

恋愛の節度が守れない部下

どうする課長!?

「恋愛は自由。しかし職場環境を乱すことは許さない」という意識で注意を促すある営業会社の話です。

課長が、トップの売上を叩き出している部下と飲んでいたときのこと。

突然、「この前、Aさん（女性）と大人の関係になりました」と言い出しました。

「恋愛関係ということか」と聞くと「ええ、まあ」。

この部下はつい先日「Bさんと大人の関係になりました」と言ったばかり。

話を聞くとこの部下は、ほとんどの女性スタッフに手を出していました。

課長は「同意のうえなのか？」「セクハラにならないのか？」と心配になりました。

しかし、トップ営業がいなくなると業績が下がることを懸念し、放置したのです。

この部下も課長の心のうちを見透かして、好き放題に振る舞うようになっていました。

セクハラを訴える女性はいませんでしたが、もはや周知の事実で、課の雰囲気が悪化。

それに伴って課の業績も落ちていきました。

不倫関係が職場に悪影響を及ぼした、別の会社のケースもあります。

不倫関係にあった2人は、恋愛感情がコントロール不能になっていました。

休憩室、非常階段の踊り場、資料室の棚の陰。
仕事中に、ありとあらゆるところでイチャついている様子が目撃されていました。
ある日、課長の机の上にメモが置かれていました。
「休憩室が愛の巣になっていて気持ちが悪い。どうにかしてください」

「恋愛は個人の自由」という考え方があります。しかし、たとえば課内で部下同士がダブル不倫をしていたとして、個人の自由だと放っておいてよいはずはありません。

どうする課長!?

「恋愛は自由。しかし職場環境を乱すことは許さない」という意識で注意を促す

課長は、こういった恋愛絡みの案件に対して、「トラブルの芽を摘み取る」という観点から、次のように考えるとよいでしょう。

もし、その恋愛が会社にまったく関係のないところで行われていれば、課長が何らかのタイミングでその事実を知ったとしても、知らないフリをしていればよいでしょう。

しかし、**ほんの少しでも職場環境に悪影響を及ぼしそうな場合は、たとえプライベートな恋愛絡みの話であっても、注意・指導する責任が、課長にはあります。**

部下の恋愛相談にのるべきだとか、不倫が法律的に許されない行為だと指導しろという話ではありません。

ただ、社内での不倫や度の過ぎた恋愛は周りを不快にさせる行為だと考える人のほうが圧倒的に多いわけです。であれば、公然と社内恋愛する2人の言動は、職場環境を悪化させる原因になります。だから課長は「社会人として最低限のケジメはつけろ」という方向で注意するべきなのです。

たとえば部下の配偶者から、「うちの夫とあなたの部下の○○が不倫している。○○の住所を教えて欲しい。教えなければ会社を訴える」などと会社にクレームの電話がかかってきたとしましょう。

課長は、まずこの事実を部下に伝え、真偽を確認する必要があります。当然ながら、この段階で部下の配偶者の話を真に受けて、住所を伝えてはなりません。そして、事実であったならば、注意指導を行ったうえで、部下かその不倫相手の社員のどちらかを他部署に異動させることも含め、人事と相談する必要があるでしょう。

第3章

課長が身を守るための労働法入門

課長にも一定の法律知識が求められることを、感じていただけたでしょうか。本章では、トラブルに巻き込まれたときの「対症療法」としての知識ではなく、「最低限の基礎教養」としての法律知識をお伝えします。大丈夫です。決して難しい話ではありません。

01

新入社員のほうが課長よりも労働法に詳しい時代

◉「ブラック企業」が一般名詞化して課長を困らせる

この章では「課長の身を守る盾」としての労働法の基礎知識を学んでいきます。できる限り難解な表現や条文の紹介を排し、膨大な労働法の中から、課長にとって必要な部分だけをダイジェストでお伝えします。

最近、大学のキャリアセンターやキャリアサポート室には、労働法関連のリーフレットや資料がたくさん置いてあります。いわゆるブラック企業やブラックバイトのニュースがメディアで頻繁に報じられ、実際に被害に遭う学生もいる中で、自分の身を守ろうと労働法を勉強する学生が急増しています。

結果として、新入社員は労働法を知っているのに、課長は知らないというケースが起こり得ます。

私は、さまざまな会社から労働問題について法律相談を受ける機会があります。**すると実際に、社長や幹部よりも、従業員、それもいわゆる「不良従業員」と言われる人のほうが法律に詳しいというケースも少なくないのです。**

とある運送業を営む会社での出来事です。

この会社には日頃から勤務態度や素行が悪い社員がいました。

遅刻や無断欠勤を繰り返す。

動画投稿サイトに会社を批判する動画を配信する。

社有車を休日に無断使用して遠出し、ガソリンを使い果たして補充もしない。

直属の上司の課長が退職勧奨と説得を根気よく続けて、円満退社が決まりました。

元社員は社宅に入っていたため課長は「荷物をまとめる2週間は待とう」と告げます。

半分情けをかけたつもりで言ったのです。

するど、元社員は不敵に笑ってこう言いました。
「課長、何言ってるんですか。私は会社を辞めても社宅は出ていきませんよ」
「6か月間は社宅に住む権利がありますからね」

社宅は会社を退職し、従業員身分を失っても、すぐ出ていかなくてはならないわけではありません。社宅使用料が近隣の家賃相場とあまり変わらないなど一定の場合には、借地借家法という法律が適用される可能性があり、正当事由と6か月前の解約告知が必要になるからです。要するに、6か月間は住み続ける権利があると言うわけです。

別の案件では、大学院卒の若手社員が会社の研修施設の管理人を住み込みで1人で担当していたという事案がありました。

朝一番に施設のエントランスを掃除し、ゴミの分別をしたのちは、防犯カメラの監視モニターを見ているだけの仕事でした。「自分の能力がまったく発揮できない」と仕事に不満をもち、「自分は会社に飼い殺しにされた」「自分の才能をつぶされた」と会社を恨むようになりました。

この社員はたっぷりある時間をつかって労働法の勉強をし、ユニオンに入って、会社に団体交渉を申し入れるとともに残業代の支払いを請求しました。

結局、一定の残業代相当額と解決金を支払って解決しましたが、この若手社員の上司である課長も、団体交渉へ同席することとなり、膨大な時間をこの案件に費やすこととなってしまいました。

課長は、これまでの長い現場経験を会社に買われてその職に就いたわけですから、実務能力は高い人がほとんどです。**しかし法律を知っているかどうかに関して、現場の実務能力は関係ありません。いざというときに不利になるのは、当然ながら「法律を知らない人」です。**

◉労働法は「労働者は弱い」という前提に立っている

まずは、労働法の基本的な「考え方」について知っておく必要があります。

「会社（使用者）は強い」

「労働者は弱い」
「だから労働者は保護しなければならない」

日本の労働法は、この三段論法が前提になっています。前述のとおり、課長は法的には労働者側、経営的には会社側という微妙なポジションにあるため、労働者側で権利を主張するときには労働法の後押しを受けられますが、会社側で部下のマネジメントを行う際に不適切な行動をとると、労働法にストップをかけられることになります。

まずは、どうして「会社（使用者）は強い」「労働者は弱い」という考え方になったのかを簡単に押さえておきましょう。

労働者（従業員）と使用者（企業・事業主）との間で、「働きます」「雇います」という約束（労働契約）が結ばれたときから、労使関係が始まります。

契約を当事者の自由に任せて、国家はその契約に干渉してはならないとする近代法の原則「契約自由の原則」に基づき、どういう条件で働くかなどの契約内容は、使用者と労働者の合意で決めるのが基本です。しかし、当事者間で自由に契約が結ばれると、労働者に不都合が生じる可能性があります。労働者は雇ってもらわなければ生計を立てられませんから、給料や労働時間に不満があっても、会社の提示条件で契約せざるをえないかもしれないからです。賃上げ交渉しても、「働き手はほかにもいるから嫌なら辞めて良い」と言われてしまえば会社の条件に従うことになりかねません。

このように、労働契約がまったくの自由に結ばれると、会社より弱い立場にあることが多い労働者は、低賃金、長時間など劣悪な労働条件の契約を結ぶ可能性があります。

そこで労働者を保護するために、労働法が定められました。労働契約に関する契約自由の原則は、労働法によって、労働者に有利な方向へ大幅に修正されているのです。

02

古すぎる労働法と法律知識きほんの「き」

◎労働基準法は1947年に成立した法律である

労働法が前項のような内容に至っている背景について少し触れておきます。

日本の近代化の歴史の中で、明治時代、欧米にならって工場生産方式を取り入れた日本の産業は、急速に発展しました。工場で働く労働者が急増すると、さまざまな労働問題が起こりました。

1つ目は、採用面での問題です。産業の急速な発展にともない、労働者の確保が難しくなりました。すると工場が独自に行う募集だけでは間に合わなくなり、農山漁村を回り募集活動を行う募集人制度が生まれました。

このとき、強引な方法がとられることがありました。応募者の不案内につけこんで不当な雇用条件を押しつける、誘拐同様の募集をする、前借金を使って人身売買と変わらない募集をする、募集人が応募者の賃金や前借金からピンハネをする、などといったことです。

2つ目は、労務管理の問題です。低賃金、長時間労働、女子や年少労働者の酷使、労働災害や疾病などが起こりました。

そこで1916年に工場法が施行されました。これによって労働契約の自由は制限され、女子・年少労働者の雇用、労働時間や深夜業が規制されたのです。

1947年に工場法は廃止されましたが、新たに制定された労基法に、その精神は受け継がれました。

このため労働法には、**「使用者の労働者に対する権力は圧倒的に強いため、契約自由の原則をそのまま適用すれば労働者は劣悪な労働条件の労働契約を強いられる」「安全性を欠く労働環境で無理な労働を強制されれば、労働者が健康を害しかねない」**という考えが根付いているのです。

◉課長が最低限覚えておきたい5つの法律

ここでは、労働法のしくみについて、ごくごく簡単にまとめておきます。

そもそも、労働法とは労働関係を規律する法の総称です。「労働法」という名称の法律が存在するわけではありません。

労働法の中のおもな法律としては、労働基準法、労働契約法、最低賃金法、労働安全衛生法、雇用の分野における男女の均等な機会及び待遇の確保等に関する法律（以下「均等法」と言います）などがあります。

それぞれの概要と、課長が最低限押さえておくべきポイントは次の通りです。

①労働基準法

労働法の中で圧倒的に重要な法律は、労働基準法です。労基法の中で課長が最低限押さえておくべきは、「労働時間」「休憩」「賃金」「年次有給休暇」に関する内容です。

まず労働時間に関しては、「1日8時間、1週40時間」という法定労働時間が定めら

労働関係の法律を総称して「労働法」という

労働法

個々の労働者と使用者の関係	労働組合と使用者との関係	その他
●労働基準法 ●労働契約法 ●労働安全衛生法 など	●労働組合法 ●労働関係調整法 など	●男女雇用機会均等法 ●最低賃金法 ●育児・介護休業法 ●労働者派遣法 ●職業安定法 ●労働者災害補償保険法 ●雇用保険法 など

※＿＿は課長が最低限押さえておくべき5つの法律

れています（労基法32条）。時間外や休日に労働させる際には、使用者と労働者の過半数の代表者とが「時間外労働、休日労働についての協定（三六協定）」を締結し、所轄の労働基準監督署に届け出なくてはならず、同時に割増賃金を支払わなくてはならない、という規制がかけられています。**つまり労働法上、「残業」とは例外措置なのだということを覚えておいてください。**

また、休憩に関しては、労働時間が6時間を超える場合には45分以上、8時間を超える場合には60分以上の休憩時間を労働時間の途中に与えなければならないとされています（労基法34条）。

つまり8時間労働の会社であれば、労基法上は45分の休憩で足りることになりますが、

1分でも残業するとさらに15分の休憩が必要になりますので、一般的には8時間労働で60分の休憩としている会社が大半だと思われます。

次に、賃金に関しては、「賃金は『通貨』で支払わなければならない」など、賃金の支払いに関して定めた「賃金支払いの5原則」があります（労基法24条・左ページ図参照）。**万が一、あなたの会社がこの5原則の中の1つにでも違反していれば、あなたの会社は法律違反ということになります。**

そして、年次有給休暇に関しては、「6か月間の継続勤務、全労働日の8割以上出勤で年10日の有給休暇を与えなければならない。その後は1年毎に11日、12日、14日、16日、18日、20日となる」と定められています（労基法39条）。

年休についてよく誤解されていることがあります。労働者は、任意の日に年休を取得することができます。これを時季指定権といいます。相手の承諾は必要ありません。**つまり、年休取得を許可制とすることは労基法違反となってしまうのです。**

もっとも、労働者が指定する日に年休を与えると事業の正常な運営を妨げる場合には、会社は年休の取得日を変更するよう請求することができます。これを時季変更権といいます。ただし、権利行使可能な場面は極めて限られています。単に「忙しいから休まれると困る」といった程度の事情では時季変更権は行使できません。

賃金支払いの５原則

❶通貨払いの原則

賃金は「通貨」で支払わなければならない。現物給与は認められない。

例外）労働者の同意があれば、労働者名義の預金口座へ振り込む方法によることは可能。

❷直接払いの原則

賃金は直接労働者本人に支払わなければならない。委任状を持っていても不可。法定代理人でも不可。

例外）本人が病気で現金払いの給料を受け取ることができない場合に家族が使者として受け取ることは認められる。

❸全額払いの原則

賃金は全額を支払わなければならない。

例外）所得税、住民税、社会保険料等の法定控除、労使協定により定められた社宅使用料、共済会費、食事代等の控除は可能。

❹毎月払いの原則

賃金は、少なくとも毎月１回支払わなければならない。月に１回支払日が到来すればよいので、締め日をいつからいつまでにするかは自由。

❺一定期日払いの原則

賃金は「毎月 25 日」等と一定の期日を定めて支払わなければならない。必ずしも暦日を示す必要はなく、毎月末日でも可。

そして、労基法のもう1つの重要なポイントは、強行法規であるということです。つまり、**使用者と労働者の合意事項であっても、労基法の規定に反する部分は無効となってしまうのです。**

たとえば、会社と社員で「仕事内容は××、勤務時間は朝9時から夕方6時まで、基本給30万円、残業代の支給なし、年次有給休暇なし」という条件で合意したとします。この場合、「残業代の支給なし」「年次有給休暇なし」の部分は無効になります。

逆に、労基法の規定より労働者にとって有利な部分はそのまま認められます。労基法では、「半年間勤務したら10日間の年次有給休暇を付与する」ことになりますが勤務開始時から10日間の年休を与えたとしても有効となります。

②労働契約法

労働契約法には、労働者の解雇、雇止め、就業規則の不利益変更、安全配慮義務などについての規定があります。労基法ではカバーされていなかった部分について、主に裁判例で培われてきた考え方をまとめた法律で、２００８年に施行されました。

この中で、とりわけ課長が知っておかなくてはならないのは、解雇に関する内容です。

解雇と退職（辞職）の違い

当事者の一方または双方の意思表示により労働契約を終了させる方法は、大きく３タイプに分かれる。

❶ 辞職（民法 627 条）

無期雇用で日給月給制の場合、労働者からの一方的な意思表示（２週間前告知）により終了。

❷ 解雇（労基法 20 条）

使用者からの一方的な意思表示（30 日前予告もしくは 30 日分の予告手当）により終了。
➡労働者が不服であれば訴訟等により覆る可能性あり
➡産前産後、労災による休業中、および、その後 30 日間は解雇することができない（労基法 19 条）

❸ 合意退職（就業規則等で定める）

労働者が退職の意思表示を行い、使用者がこれを承諾することにより終了。「退職願」を提出し、会社の承認をもらうという一般的な退職方法はこれに当たる。就業規則で退職の申し出をいつまでに行うといったルールを定めることができる。

解雇にはおもに４つの形態がある

❶ 普通解雇

労働契約を継続することに支障があることを理由に行う解雇の総称。能力不足、勤務不良といった労働者側の事情のほか、経営難、事業縮小、使用者側の事情によるものも含まれる。

❷ 整理解雇

普通解雇の一種で、経営難、事業縮小等、使用者側の事情による解雇の一類型。整理解雇の有効性を判断する基準として、人員整理の必要性、解雇回避努力義務の履行、被解雇者選定の合理性、手続きの妥当性が問われることとなる（整理解雇の４要件）。

❸ 懲戒解雇

懲戒処分（制裁）として行う解雇。あくまでも懲戒処分の一種なので、懲戒規定が就業規則にあること、および非違行為が懲戒事由に該当することが必要。規定があったとしても、非違行為の程度と処分の重さがマッチしていない場合には、懲戒権を濫用したものとして無効となる。

なお、懲戒解雇の場合は、予告期間を置かずに即時解雇とする例が多いが、この場合、労基署の除外認定を取る余裕もないため、普通解雇と同様、解雇予告手当を支払う必要がある。

❹ 諭旨解雇

懲戒処分の一種。諭旨退職ともいう。就業規則に定めがなければできない。労働者に退職を促し、これに従わない場合には懲戒解雇とするのが一般的。懲戒解雇の場合は退職金不支給となるところ、諭旨解雇に応じれば退職金がもらえるというメリットがある。

解雇と一般的な「退職」の違いと、解雇の種類についてまとめましたので、前ページおよび右ページの図をご覧ください。解雇とは、会社が労働者との労働契約を終了することを告げる一方的な意思表示です。労基法では、「解雇については30日前までに予告しなければならない。それができず、その日に辞めてもらうのであれば、30日分以上の平均賃金（解雇予告手当）を支払うこと」とされています（労基法20条）。

しかし、これはあくまでも形式的な基準です。日本の解雇規制は非常に厳しく、限られた理由や証拠がそろっている場合を除いて認められません。客観的に合理的な理由を欠き、社会通念上相当であると認められない場合は、その権利を濫用したものとして無効になります（解雇権濫用法理、労働契約法16条）。

つまり、解雇するためには極めて厳格な条件をクリアできる状況でなければなりません。もし、あなたの課に能力不足の部下がいても、基本的に解雇するのは難しいと言えます。営業部門であれば営業成績が他の従業員と比べて著しく低い、製造部門であれば技能水準が低く、会社の求める仕事を遂行できないような社員がいれば、解雇するには十分な理由になりそうに思えます。しかし、こうした社員に対して、裁判所は「教育不足」と考える傾向にあります。仮に訴訟になると、裁判所は解雇に至るプロセスを重視し、従業員を指導・教育したかどうかを厳しく問うのです。

③最低賃金法

最低賃金法は、職業の種類または地域に応じて国が賃金の最低額を定め、使用者はその最低賃金以上の賃金を支払わなければならないとする法律です。

近年、ブラック企業やブラックバイトなどが問題になっています。平成27年7月30日、厚生労働省中央最低賃金審議会は、最低賃金を全国で16～19円引き上げる旨の小委員会報告を公表しました。これにより、たとえば東京では、最低賃金が888円から19円上昇し、907円となっています（平成28年1月現在）。

とくに、フランチャイズ店舗の店長など、アルバイトを多く雇う課長職にある人にとっては、必須知識になります。

④労働安全衛生法

労働安全衛生法とは、労働災害を防止し、職場における労働者の安全と健康を守るための法律です。

労働災害は労働者の生命に関わるため、たとえ労働者の同意が得られなくても、使用者にはその防止対策を推進することが義務づけられています。労働者の安全と健康は、契約自由の原則よりも重視されるのです。

現代の課長にとっての必須知識であるパワーハラスメントやメンタルヘルスに関する規定も、この法律にかかわってきます。課長にとっての具体的な注意点は、パワハラに関しては第4章204ページ、メンタルヘルスに関しては第4章210ページから詳しく説明します。

⑤雇用の分野における男女の均等な機会及び待遇の確保等に関する法律

この法律は、職場における男女の均等な取扱いなどを規定しています。これにより使用者は、性別を問わず就労機会を与えることになりました。

1999年に法改正が行われるまでは、男性社員のみを募集する求人広告を出すことが可能でした。法の制定当初は、募集・採用、配置・昇進について男女差をなくすことは努力目標にとどまっていたからです。

この改正により、男性のみ、女性のみの求人募集や男女別の採用枠を設けることは禁止されました。男性と女性で選考方法を変えたり、定年・退職・解雇において男女差を設けることも禁止されています。

セクシャルハラスメントに関する規定を定めている点で、この法律も課長にとって非常に重要な法律です。セクハラに関する具体的な注意点については、第4章196ページをご参照ください。

◉労働法が古すぎる3つの理由

さて、労働法の概要を駆け足で見てきましたが、時代の変化とともに、法律と現場にはさまざまな「ズレ」が出てきています。主な理由は、次の3点に集約されます。

①工場法制定時と比べ、労働環境が大きく変わった
②「会社は強い」「労働者は弱い」という労働法が前提とする力関係の変化
③働き方が多様化し、労働時間と生産量が比例しなくなった

①工場法制定時と比べ、労働環境が大きく変わった

1つ目は、工場法制定時と比べ、労働環境が大きく変わったことです。労働者は職業を自由に選択できるようになりました。終身雇用制は崩壊し、労働者は、より高い給与、よりよい待遇を求めて転職することが可能です。

工場内の環境も整備され、ロボットが導入され、コンピューター制御で動いています。何より工場で働く労働者は減り、いわゆるホワイトカラーが増えました。

さらには外資系企業も増えています。ほとんどの外資系企業には新入社員を定年まで雇い続ける考え方はありません。プロジェクトに必要な即戦力を採用し、プロジェクト終了とともに辞めてもらうこともあります。

働き方が多様になるなか、工場労働者の保護を目的として制定された労働法で、すべての業種、職種を規制するのは難しくなっています。

②「会社は強い」「労働者は弱い」という労働法が前提とする力関係の変化

2つ目は、「会社は強い」「労働者は弱い」という労働法が前提としている力関係の変化です。労働者は、制定当時ほど不利ではなくなっています。

その要因の1つに労働組合の存在があります。本来、賞与や賃上げなどの労働条件は使用者と労働者が一対一で交渉を行うべきですが、契約交渉は力関係が結果を左右するので、労働者が一人で使用者と交渉しても限界があります。

そこで労働組合法が制定されました。労働組合法の目的は、労働者の地位や労働条件の向上です。労働者の団結権、団体交渉権などを定めることで、一人では立場の弱い労働者が団結することを認め、使用者と対等の立場で交渉できるようにしています。

この結果、労働者の待遇は大きく改善されました。しかし、私個人としては、労働者を過剰に保護しすぎるケースもあるのではないかと考えています。たとえば、労働組合が事業所を占拠したり、工場の出入口に人間バリケードをつくって会社の業務を妨害しても、民事免責・刑事免責となります。会社の事業が困難になったり、損害を被っても、会社は原則として労働組合に損害賠償を請求することはできませんし、業務妨害罪も成立しません。労働法は、そもそも不利な立場にある労働者を保護するための法律で、労働者の権利を押し上げてきました。しかし、ときにあまりに労働者の権利が強く、企業の経営活動を阻害するケースもあるのです。

また、前述のとおり、解雇に関するルールも、労働者に極めて有利になっています。

③働き方が多様化し、労働時間と生産量が比例しなくなった

3つ目に、働き方が多様になり、労働時間と生産量が比例しなくなった点が挙げられます。

労働法では、仕事の成果は労働時間に比例すると考えられています。たしかに工場の仕事であれば、時間とともに成果物は増えます。しかし、企画や管理業務などを行うホワイトカラーの場合、労働時間と成果は必ずしも比例しません。

あなたの部下のことを考えれば、すぐにわかるはずです。朝早く出社し、深夜まで残業しているのによい企画が出せないAさんがいる一方、定時にさっと帰宅するけれど確実に成果を上げるBさんもいるでしょう。

課長であれば、後者を高く評価すべきですが、労働法にしたがって残業代を計算すると前者のほうが高収入となります。

このように労働法は、現代の多様な働き方に対応できているとはとても言えないため、法律の改正が求められてきた経緯があります。

03

最新の法改正と課長の仕事との関係

◉改正労働基準法が課長におよぼす影響

こうしたことを受け、平成28年4月1日、改正労働基準法が施行されることになっています。現場で労務管理を行う課長にとっては必須の知識ですので、おもなポイントを押さえておいてください（ただし①のみ平成31年4月1日）。

①中小企業の残業代の引き上げ

現在、中小企業の残業代は本給の25％増ですが、**改正案では、月60時間を超える残業**

に対し、通常の50％増の賃金を支払わなければならなくなります。

改正後は、課長は組織のあり方を考え直す必要があるでしょう。具体的には、恒常的に月60時間超の残業をする部下がいる場合、人員を増やして残業を減らしたほうが部署のコストダウンを図れる可能性があります。

②企業に対する社員の年次有給休暇消化・年5日の義務付け

企業は、年休の付与日数が年間10日以上となる労働者（正社員のみならず、条件を満たせば、パート・アルバイトも対象となる）に対して、年5日の年休の取得時季を指定することを義務付けられます。これまで、企業が年休の取得時季を指定すると、社員は希望日に休みがとれないという懸念や反発がありました。しかし今回の改正では、たとえば、社員が自ら2日の年休を取れば、企業の指定義務は残り3日分にするなど、労働者の懸念に配慮するとともに、すでに年休消化に取り組んでいる企業の負担が増えないようになっています。

③フレックスタイム制の拡充

これまで1か月単位で調整していた労働時間を、3か月単位で調整できるようになります。ある月は多めに、ある月は短めに働いても、3か月間で労働時間の帳尻が合えば、残業代が発生しない仕組みです。改正後は、3か月のうちに、多めに働く期間と短めに働く期間をつくることができます。

労働者は、労働時間を短めにして家庭や趣味に使う時間を増やすことができるメリットがある一方、繁忙期には長時間労働が続くリスクがあります。そこで、1か月の労働時間が1週間当たり50時間を超えるときには、残業代が発生することになっています。

④高度プロフェッショナル制度の導入

この制度は、管理職以外の一定の社員を労働時間規制の適用除外にするもので、アメリカで導入されているホワイトカラー・エグゼンプション（適用除外制度）の日本版です。つまり、時間外、深夜・休日の残業代を支払わなくてもよいとし、時間ではなく成果で労働を評価する制度です。

適用されるのは次の条件を満たす人です。

- **労働者の職務が高度プロフェッショナル（金融ディーラー、アナリスト、金融商品の開発、研究開発、コンサルタントなど）に該当すること**
- **会社側が「職務記述書」を作って職務範囲を明確にしていること**
- **労働者がこの制度の適用を「希望する」旨表明していること**
- **労働者の年収が１０７５万円以上であること**

この制度には、いくつかの目的があります。

１つ目は、時間を基礎にした現状の賃金制度で生じる、短時間で成果を出す優秀な人材より仕事が遅い人のほうが時間外手当の関係で賃金が多くなる矛盾を解消すること。２つ目は、残業代が欲しいがためにゆっくり仕事をするなど、非効率的な労働を解消すること。３つ目は、働きすぎを防止して労働者の健康を保つとともに、仕事と生活の調和を図ることです。

しかし、メディアで「残業代ゼロ法案」などと取り上げられているように、一定以上の職務と年収があると、いくら働いても残業代が支給されなくなる悪法だという声も多く聞きます。

実際には、特定の高度な専門的知識を有し、年収１０７５万円以上の人が対象で、当人に対し会社は健康確保措置等を講じること、当人の同意が必要であることから、対象者は限定的になるでしょう。

ちなみに国税庁「民間給与実態統計調査」によると平成25年度において年収１０００万円を超える人の割合は３・９％ほどです。

ここで重要なのは仕事の質でしょう。工場のラインの仕事など、労働時間と成果が比例する仕事であれば、労働時間に応じて残業代は支払うべきです。一方、高度プロフェッショナル制度で対象にしているのは、労働時間と成果が比例しない仕事です。

ちなみに、課長の仕事の１つである部下マネジメントも労働時間と成果が比例しない仕事です。もし、あなたが自分の仕事は時間に比例すると思っているとしたら、課長としての意識が少し不足しているのかもしれません。

◉「派遣」と「業務委託」の違いを課長が知らないと危険

2015年9月、改正労働者派遣法が成立・施行されました。この法改正による課長の仕事への影響についても、簡単におさらいしておきます。

まず、正社員と非正規社員の違いから確認していきましょう。一般的に、正社員とは「無期雇用」「フルタイム」「直接雇用」の3要件を満たす人を指すと考えられています。したがって、この3つのうち1つでも欠けるのであれば、それは「非正規社員」と定義することができます。

たとえば契約社員は、フルタイム、直接雇用ですが有期雇用です。パートやアルバイトは直接雇用ですが、多くの場合、有期雇用でフルタイムではありません。派遣や業務委託は直接雇用ではないため、やはり非正規社員に区分されます。

また、現場をマネジメントする以上、課長は、「派遣」と「業務委託」の違いについても把握しておく必要があります。

派遣の場合、派遣元と派遣労働者との間に労働契約が結ばれます。給料は派遣元が支

雇用形態とその条件の違い

	正社員	契約社員	パート・アルバイト	派遣・業務委託
無期雇用	○	×	×	—
直接雇用	○	○	○	×
フルタイム	○	○	×	△

払いますが、派遣労働者は派遣先で労務の提供を行います。派遣先の企業は、派遣労働者に対して直接、指揮・命令できます。

一方、業務委託については、民法上で直接これを定めた規定はありませんが、仕事の成果に対して報酬を支払う契約である請負契約の一種と考えられています。発注者の会社に受注者が従業員を出向かせる、という性格ものです。たとえば、エンジニアが発注者の会社に常駐し、システム開発やメンテナンスなどを担当し、事実上一緒に仕事をします。

派遣社員と異なり、業務委託契約に基づいて受注会社から来た労働者に対しては、課長は直接、指揮・命令できません。発注先の課長が派遣と同じ感覚で指揮・命令すると、「偽装請負」と言われる労働者派遣法の脱法行為となってしまいます。

実際に、業務委託のスタッフはクライアント先から直接頼まれると断りきれず、会社に内緒で仕事をしてしまうケースが少なくありません。それがエスカレートすると、仕事は増えるにもかかわらず会社に報告できない、という状況が生まれます。そしてスタッフが体調を崩し、自社に残業代等を請求した段階で初めて、問題が明るみに出ることになります。

現場で業務委託のスタッフに指示するのは、発注側の課長だというケースは多いでしょう。課長が派遣と業務委託の違いをきちんと理解していなければ、偽装請負問題を引き起こしかねないのです。

◉派遣社員のキャリアプランも考える必要がある

さて、労働者派遣法が改正されたあと、課長にはどのような影響が出るでしょうか。

改正前は、「情報処理システム開発」や「機械設計」「通訳」といった専門性が高いとされる28の業務では、派遣労働者が、同じ部署で働くことができる期間に制限はなく、これ以外の業務は、派遣期間は原則1年、最長でも3年までとなっていました。

2015年9月の改正では、この「政令28業務」を廃止し、派遣期間の制限を撤廃する一方で、1人の派遣労働者が同じ部署で働ける期間を3年に制限します。

その結果、派遣労働者は、引き続き同じ派遣先企業で就労するためには、3年ごとに派遣元企業を変えるか、派遣先の部署を変えるか、あるいは派遣先で無期雇用となるかのいずれかを選択しなければならなくなりました。

一方、改正法では労働者の雇用の安定を図るため、派遣会社に対し、派遣期間が上限の3年に達した労働者について、直接雇用するよう派遣先に依頼することや、新たな派遣先を提供することなどを義務づけています。

さらに、派遣会社に計画的な教育訓練を行うことを義務づけているほか、悪質な業者を排除するため、すべての派遣事業を厚生労働大臣による「許可制」にするとしています。現場のマネジメントは大きく変わるでしょう。

これまで、派遣労働という制度は、経営者側にとっても労働者側にとっても「一時しのぎ」的なものと考えられてきました。しかし近年、派遣労働者であることを望む人も増えてきたため、働き方の変化にあわせて法制度が変化してきたのです。

課長は、一般社員だけでなく派遣社員とも密にコミュニケーションをとり、彼らのキャリアプランについてきちんと確認して、中長期的な人材育成・活用プランを練っていくべきだと言えるでしょう。

04

「社内ルール」と労働法はどちらが優先されるのか？

◉「労働者に有利な内容」が優先される

課長は労務管理の最前線にいるので、自社の就業規則の内容を知っておく必要があります。なぜなら労務管理と就業規則は密接な関係にあるからです。

就業規則は職場のルールです。労働者が常時10人以上いる使用者に作成と労基署への届出が義務づけられています（労基法89条）。就業規則には、書面を労働者に交付したり、職場の見やすい場所に掲示したりして、労働者に周知させなくてはならないという決まりがあります。この決まりを守っていないと就業規則も無効とされるので要注意です。もしあなたの会社に常時10人以上の労働者がいるのに就業規則がない、あってもすぐに見ることができるところに設置していなければ法律違反です。

ただし、よく誤解されることですが、就業規則は届け出をしないと効力がないというのは誤りです。たしかに、労基法（89条）には就業規則の作成及び届け出が義務として定められています。ですから届け出ないと労基法違反になるわけですが、届け出ていないからといって効力が認められないわけではありません。あくまで従業員に周知すれば、効力が認められます。

では、就業規則と労基法の関係から押さえていきましょう。

152ページでも述べたとおり、労基法は強行法規なので、**労基法と就業規則の内容が異なる場合、労働者に有利なほうが優先されます。**たとえば、年次有給休暇について就業規則に「6か月以上継続勤務し、全労働日の8割以上出勤した社員に対して、5日の年休が与えられる」という記載があったとします。しかし、労基法では「6か月以上継続勤務し、全労働日の8割以上出勤した労働者に対して、10日の年休が与えられる」と定められていますから、優先されるのは労基法です。

ちなみに、就業規則に「12日与えられる」と規定されていれば、就業規則が優先されます。前出のように、労基法はあくまで「最低基準」であり、労基法を超えて労働者に有利な内容であれば、そちらが優先されます。

◉就業規則と労働法のズレが課長を窮地に追い込む

就業規則は、契約内容として絶対的に認められるものではありません。ここは、多くの課長が誤解しがちな点ですので少し詳しく紹介します。労働法に抵触する規定が無効となるだけでなく、**法律に反していなくても、労働法の趣旨にそぐわない規定は、裁判所が認めてくれない傾向にあります。**

たとえば、就業規則に「無断欠勤が5日続いた場合は懲戒解雇」と書いてあったとします。ある課長がこの内容を鵜呑みにして、1週間無断欠勤した部下が出勤してくるやいなや「おまえは懲戒解雇だ」と就業規則を突きつけ、その社員は翌日から出社しなくなり、「不当解雇された」と外部組合に駆け込んだとしましょう。

このような懲戒解雇は認められません。無断欠勤5日で懲戒解雇は、懲罰として重すぎるからです。就業規則は会社が独自に作成できますが、懲戒事案に対して、処分の内容が相当でなければ無効となる可能性があるのです。

また、就業規則に「懲戒解雇の場合は退職金を支給しない」という内容の一文のある会社は多いでしょう。会社はこのルールに従い、懲戒解雇した社員に退職金を支払わないのは当たり前と考えます。

ところが裁判所はそう考えません。「小田急電鉄事件」（東京高裁　平成15年12月11日判決）を紹介します。

小田急電鉄の社員が他社の電車内で痴漢行為をはたらきました。

会社が本人に事情を聞くと以前にも2回同様の事件で逮捕されていたことが判明。

就業規則には「懲戒解雇は原則として退職金を支給しない」との規定がありました。

小田急電鉄はこの規定に基づき、この社員を退職金無支給で懲戒解雇します。

その後、この社員は懲戒解雇の無効を主張して訴訟を起こします。

裁判所は電鉄会社社員という立場を踏まえ、懲戒解雇を認めました。

しかし、続いて「退職金を不支給とするには、当該労働者の長年の勤続の功を抹消してしまうほどの重大な背信行為が必要」とし、「社員の行動に相当程度の背信性があったとはいえない」として、「退職金は全額不支給ではなく、3割を支払うように」と会社に命じたのです。

このように、たとえ就業規則の内容が法律に違反していなくても、裁判所が合理的と判断しないケースがあります。

就業規則は、言わば会社が独自に定めたルールブックです。その中には、労働法や一般常識に照らしてみると、一部認められない表記があることも少なくありません。

そういう、法律上、あるいは訴訟では認められないが、社員に対する「戒め」として機能する規定を「訓示規定」と言います。

前述した「無断欠勤5日で懲戒解雇」は訴訟では通らない主張ですが、裁判所が認めてくれるか否かではなく、会社から「無断欠勤はしないでほしい」というメッセージとしてあえて入れている場合もあるということです。

そのため課長は文面をそのまま鵜呑みにするのではなく、規定の意味や効力を理解し、部下のマネジメントに活かすことが必要です。

さらに言えば、**ニュースで取り上げられるような有名な労働事件については日頃から関心を持ち、ある程度でも内容を理解しておきましょう。**一般の社会常識と自社の就業規則にズレがないかを知り、バランス感覚をもって部下指導に当たりたいところです。

05

1つの労働問題がチームの腐敗の温床になる

◉課長は自らを守る盾として労働法を「使う」べき

労働法の基本の「き」を駆け足で見てきましたが、課長は法律の専門家ではありません。ましてや、労働法の専門書を読んで勉強をする余裕などないのが実情でしょう。あくまで実務者として、労働問題の芽を摘み、自らを守る盾として労働法を「使う」ことを考えなくてはなりません。

自らの職場の労働環境と照らし合わせながら、時代遅れになりつつある労働法の基本を押さえつつ、常に「応用技」を考えていかなくてはなりません。

◉1つの労働問題が、無数の労働問題の温床になる

課長にできることは、大きく分けて2つあります。

1つは、労働問題が本格化する前に、問題の芽を摘みとることです。労働問題に初期対応できるのは、現場の最前線でピープルマネジメントを行っている課長だけです。正しい労働法の知識をもち、合理的な判断ができる課長が現場にいることで、大事に至る前に「初期消火」することができるのです。

そして、課長にはもう1つ重要な役割があります。それは労働問題を起こさない課内の環境を整えることです。第1章と第2章で問題を起こしやすい上司・会社と部下のパターンを紹介してきましたが、**トラブルメーカー自身が直接労働問題を引き起こすとは限りません。そういう社員が1人課内にいることで、全体に悪い影響を与えることが問題なのです。**

たとえば無断欠勤の多い部下がいれば、ほかのメンバーに仕事のしわ寄せがいきます。セクハラやパワハラを繰り返す上司がいれば、職場はストレスであふれます。ルールを

守らない部下がいれば、職場にルールを守らなくても良いという空気が漂うでしょう。

問題社員が職場環境を乱したとき、対症療法的に個別にその社員を指導しただけでは、新たな問題社員が生まれる可能性を摘み取ることは難しいでしょう。餅に生えたカビのように、表面だけを削りとっても根本的な解決にはならないのです。カビがはえやすい環境自体を改善しなくてはならないのです。

第4章

誰も教えてくれない トラブル対応と法律知識

ここまで、上司・会社、部下と視点を変えて、労働問題を引き起こす直接の原因となるトピックについて考えてきました。ここでは、代表的な5つの労働問題に関しての具体的な対処方法を考えていきます。

01

残業問題 その①

過労死・過労自殺と残業の9タイプ

残業は非常に日常的な出来事であるために、いちばん軽視されがちな労働問題です。課長が押さえておくべきなのは、長時間労働は肉体と精神を疲弊させ、放っておくと大きな事故に発展する可能性があるということです。

長時間の残業は、最悪の場合、過労死や過労自殺につながります。「電通事件」（最高裁二小　平成12年3月24日判決）という有名な事案があります。

1991年、大手広告代理店の電通で働く社員が自殺しました。当時の電通では、残業における「月別上限時間」（60～80時間）が設けられていましたが、実際には恒常的に過度の残業が行なわれていました。

社員の両親が、健康を心配して年次有給休暇を取得するようすすめていましたが、社員は「上司に言いにくい」と拒み、ついには過労自殺してしまったのです。

◉「過労死」「過労自殺」とみなされる残業時間とは？

まず、「過労死」と「過労自殺」の定義を押さえておきましょう。

過労死とは、仕事における過労・ストレスが原因となって、高血圧や動脈硬化などの基礎疾患が悪化し、脳・心臓疾患・呼吸器疾患等を急性発症させ、死亡または永続的な労働不能状態に至ることです。

過労死として労災が認められるのは、1か月当たり100時間超の残業、あるいは発症前2か月間ないし6カ月間の平均残業時間が80時間超の場合です。

では「過労自殺」とは何でしょうか。自殺は通常、故意に労働事故を発生させる行為なので、労災保険の対象外です。しかし精神障害を発症し、それによって正常な認識や行為選択能力が著しく阻害され、または自殺を思いとどまる精神的な抑制力が著しく阻害された状態で自殺した場合は「過労自殺」として労災と認定される場合があります。

精神障害の労災認定基準は、発症直前1か月当たり160時間超の残業時間、あるいは発症直前3週間につき120時間超の残業時間です（この他にも種々の基準がありま

す）。

あなたの部下に、この基準を突破している方、この基準に近い残業をしている方はいませんか。課長が押さえておくべきは、次の2点です。

①1か月100時間超の残業をしている部下は過労死基準を突破している

②「1か月間160時間超」、あるいは「直前3週間で120時間超」残業していたら過労自殺の基準を突破している

この2つの基準を突破して残業を続ける社員に対して、残業を減らす措置をとらなかった場合、課長は法的な責任を問われる可能性があります。

◉残業には9つのタイプがある

では、残業を減らすにはどうしたらよいでしょうか。まず日本能率協会総合研究所（人材戦略研究部主幹研究員　広田薫）がまとめた「残業の9タイプ」をご覧ください。

残業の9タイプ

■一見してムダだとわかる残業

残業のタイプ	残業の傾向
1. 生活残業	生活費やローンの返済に残業代を当てているので、大して仕事もないのに残業したがる。
2. 罰ゲーム残業	成果を上げていない本人は特にやらなければならない仕事があるわけではないが、成果を上げている人が遅くまで会社に残って働いているので、帰りづらい。
3. 付き合い残業	上司・同僚が残業していると帰りづらいので、誰かが帰るまでつい会社に残ってしまう。
4. ダラダラ残業	仕事の密度が薄く、ダラダラ仕事をしている。
5. 成りゆきまかせ残業	計画性がなく、締切り前に遅くまで残業するのが当たり前になっている。

■むしろ一生懸命頑張っているように見えてしまう残業

残業のタイプ	残業の傾向
6. 自己満足残業	重要な部分とそうでない部分の見極めがつかず、すべての箇所を完璧に仕上げようとするあまり時間がかかってしまう。すべてが120%の仕上がりでないと気が済まない。
7. 独りよがり残業	自分一人の思込みで仕事をして、納期間際に出てきたものが当初の狙いからずれてしまっており、結局残業でやり直さざるを得ない。
8. 抱え込み残業	一部分でも他の社員に仕事を渡すと自分のポジションを奪われてしまうのではないかという強迫観念から、なかなか同僚や後輩に仕事を見せない、渡さない。

■必ずしも否定すべきではない残業

残業のタイプ	残業の傾向
9. がむしゃら残業	若手社員が早く一人前になりたいといった理由から、ないしは、仕事熱心であるが故に毎日残業を繰り返す。

①一見してムダだとわかる5つの残業

残業には必ず「理由」がありますが、明らかにムダだとわかる残業の代表例として、次の5つがあります。

1つ目は、「生活残業」。これは、**生活費やローンの返済に残業代を当てているケース**です。残業代の有無が死活問題になっているため、なんとかして残業をしたがる傾向にあります。

残業代は基本給の1・25倍、60時間を超えると1・5倍支給されます（中小企業は平成31年3月まで猶予措置あり）。60時間を超えて2時間残業すれば、通常の3時間分の賃金が手に入ることになります。

ある会社では残業する社員に夕食代を支給していました。すると一人暮らしの社員を中心に、日中はダラダラと過ごして残業するケースが増えました。食費を浮かせるためです。このように制度によって残業が増えるケースもあるのです。

2つ目は、「罰ゲーム残業」。成果を上げている人が遅くまで働いている会社で、**成果**

を上げていない人が帰りにくいために残業するケースを指します。

当人は「遅くまで残業することで会社に貢献しよう」と、善意から残業していたりします。当然ながらそれは大きな勘違いで、成果を上げずにコストだけ増やすことになり、個人の業績はさらに悪くなって逆効果です。

周囲が忙しそうにしていると、実際にはやらなくても良い仕事をなんとなく始めたり、不必要な手順を踏むことで自分も忙しい人たちの仲間入りをしようとする心理が働くことで起こるケースです。

3つ目は、「付合い残業」。上司・同僚が残業していると帰りづらいので、**誰かが帰るまで意味もなく会社に残るケース**です。

ある会社の新人は、先輩から「早く帰ると暇だと思われ評価が下がるから、仕事はなくてもあるフリをしろ」「少なくとも課長が帰るまでは残っていないと評価が悪くなる。昼間はゆっくり仕事をしてでも残業しろ。サラリーマンとはそういうものだ」と指導を受けていました。付合い残業が風土として根付いている会社は少なくありませんが、言うまでもなくムダな残業です。

4つ目は「ダラダラ残業」。**仕事の密度が薄く、ダラダラと仕事をするため残業につ**

ながるケースです。勤務時間中に仕事と関係ないネット記事を見たり、ＳＮＳをやっていたり、休憩室で同僚とムダ話をしていたり。その結果、終業時刻までにやるべき仕事が終わらず、残業することになります。

５つ目は、「成りゆきまかせ残業」。**計画性がなく、締切り前に遅くまで残業するのが常態化しているケース**です。これは多くの場合、時間管理ができていないことが原因のようです。

◉「早く帰る文化」と「パフォーマンスの最大化」を根付かせる

以上５つは、仕事の成果を在社時間で評価するタイプの会社にありがちな残業スタイルです。「遅くまで頑張っていて偉い」という認識が浸透して、残業が会社への貢献だと真剣に考えている人がいたりします。当然、会社は割増残業代を支払うことになりますから、無駄な残業はコストを生むだけです。

そして見逃せない点は、非合理的な働き方をするために、労働問題が起きやすくなることです。部下の健康被害や、前述の過労死、過労自殺などのリスクも高まります。これらのことを踏まえて、無駄な残業をする部下を指導する必要があるでしょう。

まず課長は、部署全体に「早く帰る文化」を根付かせましょう。日頃から課全体に対し、「少ない時間で最大の成果を上げる」「労働生産性を上げる」ことを意識させ、仕事がないのに残っている部下には「早く帰って大丈夫だよ」と声を掛けるようにします。ここでくれぐれも「おまえがいても意味がないから帰れ」などという言い方をしてはいけません。

業種にもよりますが「7時になったら全員帰る」というルールを設けたり、何より課長が率先して帰り、部下が帰りやすくなる環境を作ることも大切です。

ちなみに、一定の労働時間を超えると作業量は上がらなくなるという文献（「日本の長時間労働・不払い労働時間に関する考察」家計経済研究所研究員　坂口尚文　2004年3月）があります。その文献によれば、最も効率の良い労働時間は、「1か月当たり161時間」とされ、1か月の所定就業日数を20日と考えると、1日約8時間。くしくも法定労働時間の「1日8時間」に合致するのです。

8時間を超えて仕事をしている部下には、「日を改めて再スタートしたほうが作業効率が良いのではないか」という言い方もできるかもしれません。

②一生懸命頑張っているように見える残業

同じ残業でも、一生懸命頑張っているように見える残業があります。少しの仕事の進め方の工夫で残業を減らせるのに、不器用だったり、考え方が柔軟になれなかったりすることで、残業してしまうのです。

先ほどの5つと違って、本人は頑張っているつもりなので、どう改善させるか、課長の頭を悩ませます。主に以下の3つが代表的なタイプです。

まずは「自己満足残業」。**重要な仕事とそうでない仕事の見極めがつかず、すべてを完璧に仕上げようとするあまり時間がかかるケース**です。すべてが120%の仕上がりでないと気が済まないので、毎晩遅くまで真面目に仕事をしているのですが、上司やクライアントはその内容に満足していなかったりします。

そして「独りよがり残業」。**報・連・相不足、確認不足で自分の勝手な思い込みで仕**

事をしたために、二度手間や三度手間になって残業するケースです。仕事の目的や内容を上司やクライアントときちんと話し合わず、自分なりの解釈で最後まで進めてしまう部下に多く見られます。結局残業してやり直すことになります。

次に、「抱え込み残業」。**仕事を1人で抱え込み、行き詰まって残業が増えるケース**です。同僚に少しでも仕事を渡すと、自分のポジションを奪われるのではないかという強迫観念から、仕事内容ややり方を共有しようとしません。

抱え込みを促すような社員も少なくありません。ある新入社員は先輩から「この仕事は自分しかわからないという状況をつくれ。そうすれば会社はおまえを大切にせざるを得なくなり、クビを切られる心配もなくなる。俺はそうしている」と教えられました。その先輩社員は、たしかに毎日終電近くまで残業し、土日も出勤していました。

新人はその先輩の教えを守り、ある業務を抱え込みました。その結果、その仕事に関する問合わせ、会議での説明などに追われ、日中は自分の仕事ができなくなり、残業時間が増えました。そして、「この仕事は俺しかできない」と優越感に浸ったりしますが、本末転倒です。

◉「自分でやったほうが早い」では課長がいる意味はない

このように、抱え込みや効率の悪い根性主義を容認する風土が根付いてしまった会社は少なくないはずです。

課長自身も、「後継を育てる」「情報を共有する」という意識が希薄で、「育てるくらいなら自分でやったほうが早い」と考えてしまいがちです。そしておそらく、それは実際その通りでしょう。能力が認められて課長になった人なら、同じ仕事を部下よりも早く正確にこなすことができるはずです。

しかし、それでは「部下を育てる」という課長としての重大責務を果たせていません。最後はいつも自分がやる、ということを続けていたら、いつまで経っても部下は育ちません。

さらに、1つの仕事を1人だけしか把握していないという課内の体制も危険です。もしその社員に何かあったら仕事は止まります。少なくともその仕事を把握している人が複数いないと、リスク管理体制上不安が残ります。1つの仕事を2人で担当すれば、抱え込みは起きにくくなります。

そのほかに「必ずしも否定すべきではない残業」として「がむしゃら残業」がありま す。若手が早く一人前になりたいと残業したり、仕事熱心であるが故に残業したりする ケースです。しかし、180ページの「電通事件」のような例もありますから、課長は やりすぎのないよう注意することが必要です。

02

残業問題　その②
残業を減らす2つの考え方

次に残業を減らす方法を考えてみましょう。あなたの課の残業が異常に多かったとします。あなたは部下に問いました。

課　長「なぜみんなこんなに残業が多いのか」

部下A「とにかく忙しいんです」

部下B「やることが多すぎるんです」

部下C「人が足りないんです」

そこであなたはもう1度問いかけます。

課　長「どんな仕事がどれほどあり、どれくらい時間がかかるのか教えてくれ」

すると、答えられる部下は誰もいなかった……そんなことはありませんか？

残業の原因を探り当てよう

どういった社員が

（仕事の直接的理由）
- 締め切りや納期にゆとりがない
- 仕事量が多い

（社員の仕事特性）
- 他部門との連携
- 企画・判断を求められる仕事

（社員の能力）
- 優先順位の付け方がわからない
- 仕事に不慣れ
- 業務処理能力が低い

（社員の仕事意識）
- 生活費に残業代を組み込む
- 上司が退社するまで帰宅しない
- 出世志向が強い
- 残業に対する人事評価が高い
- 専門職志向が強い
- 仕上がり（出来栄え）へのこだわり

（その他）
- 上司・同僚のバックアップが乏しい
- 業務遂行上の裁量権が小さい

どういった管理職の下で

（上司の管理行動要因）
- 残業時間の長さによる部下評価
- 残業を前提とした仕事指示
- 終業後の長時間の在社

どういった労働時間管理下で

（管理体制要因）
- 業務特性と労働時間制度のギャップ
- 残業範囲の自己決定
- 労働時間管理体制の不備
- 残業時間の把握体制の欠如

どういった長時間労働を行っているのか

出典：「マネジメントの視点から見た残業削減の進め方」
日本能率協会総合研究所 戦略人事研究部 主幹研究員 広田薫

◉原因を探る・コスト意識をもつ

残業を減らすためには、メンバーが普段どんな仕事をしているか、その仕事にどれくらいの時間をかけているのかを把握する必要があります。

「忙しい」とは、自分がやらなければならない仕事にかかる時間が、自分の労働時間をオーバーしている状態です。自分がやらなければならない仕事がどれで、それにどれくらい時間がかかるのかを調査し、見直すことで、無理、ムダ、ムラを解消することができるでしょう。

残業問題の最後に、IT企業のS社で起きた話を紹介しましょう。

社長と二人三脚で会社を大きくした創業メンバーAがいました。

性に合わないからと役職に就くことは拒み続けますが、実質的には社内ナンバー2。

社長はAを中核に据えて、優秀な人材を次々採用していきました。

しかし、いつの頃からか社長とAとの関係が悪化。

日常的に言い争いが起きるようになりました。

Aは退職し、その後、多額の未払い残業代を請求しました。

「過去2年分の残業代をすべて支払ってくれ」と主張して提訴したのです。

Aの基本給は70万円でした。

1時間当たりの単価を1・25倍したものが残業代です。

残業時間は1日平均2時間程度。請求金額は900万円超。さらに付加金や遅延損害金も加わります。Aに取締役相当の権限、待遇を与えていたと思っていた社長にとっては青天の霹靂。「一銭も支払いたくない」と憤慨していました。

裁判官は悩みました。基本給1本で70万円ではなく、基本給と残業代に分けて支払っ

残業を減らす対策の例

探す無駄	①紙資料の共有化	紙資料の管理強化、共有促進（保管場所を設置・整理する、容易に検索できるようルール化するなど）
	②電子資料の共有化	電子資料の共有データベースの拡充・整理や、資料名称・フォーマットの標準化およびその前段階として紙資料の電子化など
	③その他	整理整頓の徹底、一覧表の作製など
移動の無駄	出張の見直し	本当に必要な出張かどうか吟味する
情報伝達の無駄	①メール送付、添付メール	メール送付の方法を見直す（不必要な宛先や添付ファイルを減らすなど）
	②メール以外	不必要な情報伝達を見直す（共有データベースの拡充と活用浸透など）
仕事の仕組みの無駄	①やめる	業務の実施自体をやめる（重複作業の廃止、優先順位化を通じた業務の選別など）
	②やり方を変更する	実施方法・体制の変更（システム化等のツール活用、業務の統合、順序の組み替え、人員配置の見直しなど）
	③担い手を変更する	業務の担い手を変更する（社内における部門間役割分担の変更および外注化など）
	④新しいルールを決める	判断時間・調整時間の削減および手順の標準化・マニュアル化などにより業務ルールを設定する
	その他	業務遂行スキルの共有化、向上
ミスによる無駄	①進歩管理の徹底	上司が適宜部下の進歩を管理し、具体的な指示や指導、アドバイスを行う
	②「報・連・相」の徹底	部下は上司に対して「報・連・相」を徹底する
	その他	業務遂行スキルの向上など

出典：「マネジメントの視点から見た残業削減の進め方」
日本能率協会総合研究所 戦略人事研究部 主幹研究員 広田薫

ていれば、回避できた問題だからです。しかし、現状を杓子定規に考えれば、Aの主張はすべて認められるのです。

結局は800万円を支払うことで和解しました。裁判官は「残業代請求事件でこんな高額になるケースは初めてだ」とこぼしました。

1日2時間の残業でも積もり積もればとんでもない金額になることもあるのです。部下の残業は、多額のコストをかけてでも本当に今しなければいけない仕事なのかどうか、日頃から課長がきちんと管理していく必要があります。

03

セクハラ問題

あなたは身の潔白を完全に証明できるか？

まず、前述した均等法（157ページ）におけるセクシュアル・ハラスメントの2つの定義を確認してから、具体的な対応法を考えていきましょう。

①職場において、労働者の意に反する性的な言動が行われ、それを拒否するなどの対応により解雇、降格、減給などの不利益を受けること（対価型）

②性的な言動が行われることで職場の環境が不快なものとなったため、労働者の能力の発揮に悪影響が生じること（環境型）

セクハラを防止するための指針となる均等法11条1項と2項、およびこれを受けて発せられた平成18年厚生労働省告示第615号では、左図のとおり、使用者に9つの講ずべき措置を定めています。

セクハラを防止するための指針

1 事業主の方針の明確化及びその周知・啓発

①職場におけるセクハラの内容・セクハラがあってはならない旨の方針を明確化し、管理監督者を含む労働者に周知・啓発すること。

②セクハラの行為者については、厳正に対処する旨の方針・対処の内容を就業規則等の文書に規定し、管理監督者を含む労働者に周知・啓発すること。

2 相談（苦情を含む）に応じ、適切に対応するために必要な体制の整備

③相談窓口をあらかじめ定めること。

④相談窓口担当者が、内容や状況に応じ適切に対応できるようにすること。また、広く相談に対応すること。

3 事後の迅速かつ適切な対応

⑤事実関係を迅速かつ正確に確認すること。

⑥事実確認ができた場合は、行為者及び被害者に対する措置を適正に行うこと。

⑦再発防止に向けた措置を講ずること。（事実が確認できなかった場合も同様）

4 上記1から3までの措置と併せて講ずべき措置

⑧相談者・行為者等のプライバシーを保護するために必要な措置を講じ、周知すること。

⑨相談したこと、事実関係の確認に協力したこと等を理由として不利益な取扱いを行ってはならない旨を定め、労働者に周知・啓発すること。

◉部下からのセクハラ相談には軽率な対応をとらない

まず、部下からセクハラを相談されたときの課長の対応について考えてみましょう。

大手広告代理店の企画部の話です。
課長が1人の女性部下から相談を受けました。
営業先の部長が、執拗に食事に誘ってくるというのです。
課長はその部下の悩みを真剣に聞かないどころか、次のような発言をします。
「女の武器を使って頑張れ。業績アップのチャンスだぞ」
女性は絶望し、クライアントとのアポイントをすっぽかしました。
それを課長に叱責されたため、会社も休みがちに。
ついにはメンタルヘルスに不調をきたしました。

部下からセクハラの相談を持ちかけられたとき、絶対に軽率な対応をしてはなりません。まずは慎重に事実関係を聞き、対応を検討する必要があります。その理由は2点あ

ります。

まず、その部下がどれほどの決意であなたに相談をしてきたか、簡単には計れないからです。何日も何か月も悩み、勇気を振り絞ってあなたに相談したのに、あなたが右の事例のような対応をしたら、二度とその部下はあなたに心を開かなくなるかもしれません。そして誤解をおそれずに言えば、セクハラを訴えてくる社員は、セクハラに敏感である可能性が高いと言えるでしょう。事例のような「女の武器を使って頑張れ」などという発言は、それを理由に課長自身がセクハラで訴えられることになりかねません。

もし、あなたが部下の訴えに対して「それほど気にすることでもないだろう」と思ったとしても、本人が真剣に悩んでいる以上、課長は決して軽率な対応をとるべきではありません。それほど、セクハラはデリケートな問題です。

◉課長は「完全な潔白」を主張できないと危険

課長自身が、突然セクハラの疑いをかけられることがあります。ある化粧品販売会社での事案をご紹介します。

課長（男性）は、販売員（女性）と毎月個別面談を行っていました。10〜30分ほど、仕事内容や悩みをヒアリングする機会になっています。あるとき1人の女性販売員が「課長からセクハラを受けた」と人事部に通報。課長は「調査」という理由で2週間の出勤停止になりました。

課長自身は自分の発言を振り返り、こんなふうに述懐しました。

「彼女のプライベートに話がおよんだ」

「そこで、風呂から出た後にバスタオル1枚で牛乳を飲んでいるという話を聞いた」

「そこに至るまでの私の質問や態度、表情がいけなかったのかもしれない」

女性販売員はその理由をハッキリ告げず、事実は闇の中です。

理由なくボディタッチを行う、相手が不快と感じるような性的な描写、話題をする、卑猥な画像を見せる……。そうした行為がセクハラに当たることには、疑いの余地がありません。しかし、このケースのように、客観的に明らかなセクハラであると判断がつかないような場合は、自分でも無意識のうちに性的欲求を満たそうという気持ちが言動の根底にあり、それを部下に敏感に察知されている可能性があります。

部下と相対するとき、本当に部下指導を行うことに集中できているかどうか、課長は自問自答する必要があるでしょう。

もう1つ、本当に何もしていないのに訴えられたケースを紹介しましょう。「ケイエム観光事件」（東京高裁　平成7年2月28日判決）です。

運転手Aが、バスガイドと強引に情交関係をもったことを理由に解雇されました。

Aは事実無根であると解雇の無効を訴えます。

訴訟前の仮処分では解雇有効となりましたが、Aは無実を訴え続けました。

バスガイドはその後行方不明になります。

Aは真実を証言してもらおうと執念で居所を突き止め、説得しました。

そして、訴訟でバスガイドは嘘をついていたと証言。

Aは逆転勝訴し、解雇は無効になりました。

実は、バスガイドは別の運転手Bの愛人だったのです。

Bが日頃から仲の悪いAを陥れるため、愛人を使ったのでした。

さらに、課長のセクハラを訴えた女性部下が、かつて課長と不倫関係にあった、というケースがありました。

二人の関係が悪化し、恨んだ女性が「セクハラされ続けた」と訴えました。
課長は「同意があった。セクハラではない」と主張。
女性「管理職に逆らえず我慢していた。同意なんてとんでもない」。
課長は「よい関係」を示唆するメールのやりとりを証拠として提示します。
しかし女性は「上司なので合わせざるを得なかった」と切り返したのです。

バスガイドのケースは防ぎようがありませんから、恐ろしいことだと言えます。しかし、課長の立場にある以上、少しでもセクハラを疑われる言動があれば、訴えられる危険性があると言えます。あなた自身が「完全な身の潔白」を主張できることが、セクハラ問題に対処する最低条件になるのです。

◉「いやよいやよも好きのうち」は完全に時代遅れの考え方

自分がセクハラまがいの発言をしたとき、相手が黙っていたり、笑顔を見せたりすると「許容された」と勘違いする男性が一定数存在します。「課長、エッチなんだから」などという反応に調子にのって、行為がエスカレートするケースもあります。

これだけセクハラが世間的に認知された時代において、こうした相手の反応を「OK」ととるのは、あまりにも愚かな選択だと言わざるを得ません。

厚生労働省の精神障害の労災認定基準に、セクハラを受けた場合の留意点として以下のことが明記されています。

「女性はセクハラを受けたときに、行為者に迎合するようなメール等を送る、行為者の誘いを受ける、すぐに第三者に相談するなどの行動をとらないなどの傾向があり、そうしたことがセクハラを受けたことを単純に否定する理由にはならない」

つまり、セクハラがあったとき、それを女性が拒否しなかっただけでなく、受け入れるような行動を取ったとしても、セクハラだとみなされる可能性があるということです。

先の例でも、「よい関係」を示唆するメールを証拠として提出したところで、裁判所は「セクハラではない」とは思ってくれないでしょう。そういう傾向があることを踏まえて、課長は部下とコミュニケーションをとるべきです。

04

パワハラ問題
どこまでやるとパワハラになるのか？

◉パワハラの6類型

パワーハラスメントは、現代課長にとっての必須知識です。課長本来の仕事としての「指導」や「叱責」が、そのままパワハラに該当することがあるという時代になったからです。パワハラの知識を持たない課長は、ブレーキの効かない自動車に乗っているドライバーのようなものかもしれません。

課長がきつく指導したり叱責したら、部下は少なからずストレスを感じるでしょう。とはいえ、部下がストレスを感じたら、直ちにパワハラに当たるわけではありません。

どこまでが認められる「指導」、「叱責」で、どこからパワハラになるかのヒントは、厚生労働省が発表したパワハラの定義にあります。

パワハラとは、「同じ職場で働く者に対して、職務上の地位や人間関係などの職場内の優位性を背景に、業務の適正な範囲を超えて、精神的・身体的苦痛を与える、または職場環境を悪化させる行為」を言います。（厚生労働省「職場のいじめ・嫌がらせ問題に関する円卓会議ワーキング・グループ報告」　平成24年1月30日）。

パワハラかどうかの判断基準となるポイントの1つ目は、「職場内の優位性を背景に行われた行為かどうか」です。一般的には、上司や先輩が部下や後輩の尊厳を傷つけたり、攻撃するような行動のことを指します。

しかし、部下から上司へのパワハラということもありえます。たとえばパソコンの使い方がわからない課長に、部下が「そんな簡単なこともできないんですか」と言ったとします。これは知識の優位性を背景に、部下が課長にハラスメントを行っていることになります。

2つ目のポイントは「業務の適正な範囲を超えて行われた行為かどうか」ということです。

パワハラの6類型

	行動	具体例
1. 身体的な攻撃	暴行・傷害	・頭を小突く。胸倉をつかむ ・髪を引っ張る。物を投げつける
2. 精神的な攻撃	脅迫・名誉毀損・侮辱・ひどい暴言	・人前で大声で叱責する。「死ね」「クビだ」と脅かす ・「バカ」「給料泥棒」等、人格を否定するような言葉で執拗に叱責する
3. 人間関係からの切り離し	隔離・仲間外し・無視	・日常的に挨拶をしない。会話をしない ・部署全体の食事会や飲み会に誘わない
4. 過大な要求	業務上明らかに不要なことや遂行不可能なことの強制、仕事の妨害	・明らかに達成不可能なノルマを課す ・一人では無理だとわかっている仕事を強要する ・就業間際に過大な仕事を毎回押しつける
5. 過小な要求	業務上の合理性なく、能力や経験とかけ離れた程度の低い仕事を命じる・仕事を与えない	・毎日のように草むしりや倉庫整理をさせる ・コピーなどの単純作業しか与えない
6. 個の侵害	私的なことに過度に立ち入る	・個人の宗教・信条について公表し批判する ・しつこく結婚を推奨する

指導や叱責は、部下の目標を達成させるという課長の職務上必要なことです。**その指導や叱責がパワハラにならないために、課長が意識すべき点は、業務の適正な範囲内のものと言えるかどうかという点です。**そして「業務の適正な範囲内」と言えるかどうかは、社会通念にしたがって判断されます。要するに社会常識で判断するということです。

厚生労働省が発表したパワハラの6類型（上図）を見てみましょう。1〜3は、どんな事情があろうとハラスメントにあたる可能性が極めて高いと言えます。4～6については、必ずしもそうとは言えません。業務上の必要があればやむを得ない場合もあるでしょう。その辺りの判断が、「社会常識」となるのです。

仕事の仕方や方法を叱責するのならば問題はないが、個人の人格やキャリア、経験を否定するような発言や行動はアウトだということも覚えておいてください。

◉パワハラは「言葉以外」の情報が大きく影響する

そして、部下への指導に、「部下のために」という真摯な気持ちや、愛情があるかどうかという点も重要です。曖昧な基準だと思われるかもしれませんが、部下への伝わり方や、裁判所の判断にも大きな影響を及ぼします。

こんなことがありました。

電車線路の夜間工事作業場での話です。

電車工事は、終電から始発までのわずかな時間で行われます。

分刻みのスケジュールで危険な作業を伴うため、現場はピリピリしています。

重機が接近してきたとき、線路の真ん中に突っ立っている作業員がいました。それを見た現場監督が「バカヤロウ！　どけっ！」と叫びました。それでも動かない部下に、「バカヤロウ！　死にてぇのか！」。後日、どなられた作業員が「パワハラだ」「恫喝された」と訴えました。

この現場監督は、部下が危険な作業現場でぼんやりしていたことに注意を促したのです。たしかに言葉は乱暴ですが、これがパワハラに当たるはずがありません。

「おまえ！　なぜそんなやり方をしたんだ。ダメじゃないか！」

「危ないだろ、バカヤロウ！」

部下がミスを犯したとき、そんなふうに感情的に声を荒げてしまうこともあるでしょう。こうした叱責がパワハラに当たるかどうかは、その言葉に意味を持たせているかどうかに注意する必要があります。

線路工事の現場監督の「バカヤロウ！」に意味はなく、言わば感嘆詞のように使われていると言えます。一方、「給料泥棒」と言ったときには、明らかに言葉に意味を持たせていますから、パワハラになる可能性が高くなります。

コミュニケーションにおいて、言葉が果たす役割はほんのわずかです。有名な心理学の法則である「メラビアンの法則」を出すまでもなく、話し手が与えるメッセージの伝達度は、視覚によるものが圧倒的に大きいのです。

話すときには、体の動き、ジェスチャー、表情、目線などから感情が伝わります。**「バカヤロウ」という5文字の言葉が叱咤激励ととらえられるか、罵っていると伝わるか、その部下の判断は、言葉以外の情報に左右されます。**

表情や目線やジェスチャーを訓練するべきだという話ではありません。そこに「部下のために」という思いが本当にあるならば、それは言葉以外のところににじみ出るはずです。

もし、あなたが「バカヤロウ」と言ってしまったなら、どんな気持ちで言ったのか、自分自身に問うてみましょう。周囲はごまかせても自分自身を騙すことはできないはずです。

05

メンタルヘルス問題①
素人判断がトラブルにつながる

◉パワハラはメンタルヘルス不全へ発展することがある

ある製造業の管理部門での話です。

Aがメンタルヘルスの不調で会社を辞めました。
その2か月後、Aの後輩であるBが同じくメンタルヘルス不全で休職。
課長のパワハラが原因だという噂が流れました。
人事が確認したところ、日頃から課長の言葉使いが荒かったと判明。
Bにも落ち度はありました。定刻3分前に出社しておにぎりを頬張り、モゴモゴさせながら朝礼に出席。それに対して課長は「ふざけるなボケ！」と課員全員の前で大声で注意。その後、Bは無視され続け、休職したのです。

課長は厳重注意を受け、しばらくしてBは出社。

Bに話を聞けば「パワハラはなくなった」と言っていました。

しかし、その後に入った新卒社員のCが、Bと同じ症状で休職に入りました。

課長は「気にいらない」と言って挨拶を無視し、荒い言葉で接していたようです。


課長は、パワハラが部下のメンタルヘルス不全に結びつくことを知っておく必要があります。もし部下がメンタルヘルス不全に陥って自殺してしまうと、精神障害を発症した時点で労災と認定される可能性があります。そうなると、**部下の自殺は、課長のパワハラが原因だと認定されてしまうかもしれないのです。**民事訴訟で責任を追及され、多額の賠償責任を負わされる可能性もあります。

◉素人判断せず、必ず人事と情報を共有する

課長は部下の体調を把握し、異変があればいち早く察知・対処しなくてはなりません。

体調不良になった部下が発する「サイン」を見逃さず、本人と話し、人事と共有して、今後の対策を練るのがセオリーです。その結果として医師の診察を受けてもらい、診断書を出してもらうことができればベストです。医師の診断書については、２１４ページをご参照ください。

重要なのは、決して素人判断をしないということです。体調不良の部下に対していきなり「メンタルヘルスの不調」と決めつけたり、ましてや「あなたは精神の病気だから医者へ行ったほうが良い」などと直接伝えるのは厳禁です。もちろん仕事中に暴れたり、カッターナイフなどで手首を切ったりしたら、家族と相談しながら半ば強制的に病院に連れていくことも考えます。そうしないと生命の危機につながるからです。

難しいのは、明らかに様子がおかしいのに本人が「自分は病気ではない」と否定するケースです。実際、こんなことがありました。

ある課長が、男性部下からこんなことを相談されたと言います。

「私の携帯電話を社内全員が盗聴しています」「自分しか知らない情報をなぜか同僚が知っていました」「テレビ局が自宅を盗聴していると思います」「自分しか知らないはずの情報がニュースで流れていました」

課長は「大丈夫か。体調が悪いようなら病院に行きなさい」と言いました。
「私は平気です。ただ、社内で盗聴している奴がいるのでやめさせてください」
課長はそれ以上、声をかけることができませんでした。
そしてあるとき本人が退職したいと言いました。
「盗聴が横行しているような会社にはいられません。辞めます」と。
しかし、本人の意思決定能力が疑わしいと思い、課長は人事に相談。
人事から社員の親に電話を入れることになりました。
父親は「盗聴が横行する会社で息子を勤務させることはできない」と言いました。
そこで、会社は退職願を受け取ることになりました。

もし、この父親ときちんとした話し合いができるのであれば、本人の様子を伝え、「確認のために医療機関に相談に行かれたらいかがでしょう」などと伝えることはできますが、このケースでは会社にできることは何もありませんでした。

しかし、課長が人事に相談した点は正解です。**部下の精神状態がおかしいと感じたとき、課長が自分で対処しなくてはいけないと抱え込んでしまうことが多いのです。もし自分の手に負えるものであったとしても、情報共有は必要です。**

06

メンタルヘルス問題②
症状の判断は厳禁。医師の診断書に任せる

◎部下の症状が何であれ課長の対応は変わらない

勤務態度が悪い部下が、サボっているのか、病気なのか、見極めが難しいケースがあります。たとえば、「仕事中に寝ている」という事実だけでは、その原因が何であるかわからないという事例を紹介します。

ある課長のもとに、午後になると頻繁に居眠りをする部下Aがいました。若手のAは会社では体調が悪く、家に帰ると元気になります。帰宅後すぐにオンラインゲームをはじめ、朝方まで続けます。

そのため遅刻が多く、午後になると寝ているのです。

事情は課長にはわかりません。

その後Aは休職。復職後も無断欠勤を繰り返すので、会社はやむなく、退職勧奨をして辞めてもらいました。

勤務態度が悪い部下がいた場合、課長はまず「どうしたんだ?」と声を掛けて、相談にのってあげるという対応がベストです。本人が体調不良を訴える場合、医師の診察を受けるようすすめ、診断書をもってきてもらいます。

なかには体調不良を隠していて、あとから「実は医者から薬をもらっている」などの話が出ることもあります。その場合も事情が判明した時点で、できる限り診断書を出してもらってください。

部下が診断書を提出したら、人事担当者と情報を共有し、会社全体で対処してください。課長個人が判断しないでください。休職か退職勧奨するのか、会社としての対応を考えます。

実際には、病気かサボりかの線引きはできません。線引きすること自体、あまり意味がありません。労働法の観点からすれば、大切なのは「診断書があるかないか」です。ちなみに、医師に頼めば診断書は比較的簡単に出してもらえます。課長に求められるのは、その診断書（医学的判断）にしたがって、人事と情報を共有しながら、就業上の措置を講じることです。

◉「新型うつ」の対処法も、うつと同じ

自分の興味あることには意欲的に取り組むが、仕事の意欲は湧かないような状態。これを「新型うつ」といいます。

この問題で多くの課長が悩んでいます。部下本人は「病気」と言っているけれど、実際はサボりにしか見えないので、どう声掛けしたらよいのかわからないのです。仕事中はふさぎ込んで体調不良に見えるのに、オフになると元気になり遊んでいたり、「調子が悪くて何をする気力もない」と言ってクリニックに通いつつ、ネイルの手入れは完ぺきだったりします。

新型うつに関して、課長がやるべきことは先ほどと同じです。本人が病気だという限り、診断書を出してもらい、その診断書を人事と共有し、会社としての対応を考えてく

ださい。

実際問題、そういう部下をいつまでも会社に置いておくわけにはいきませんから、仕事に支障が生ずるのであれば、退職してもらう方法を考えざるを得ないでしょう。退職勧奨を行う段階になれば、主治医や産業医の意見を聞きながら、慎重に進めなければなりません。課長は必ず人事に相談しながら対応するようにしてください。

◉復職時には必ずしも以前と同じ仕事を任せなくても良い

心の病は、見た目では回復の程度がわからず、治癒したのか、復職可能なのか、明確に判断できません。いったん落ち着いても、再発することがあります。そのため復職させる際、そして復職させた後に、トラブルが起きやすいのです。

復職の申し出を受けたとき、まず直面するのが「本当に元通りになり、以前と同じ仕事ができるのか」という問題です。復職の可否を判断する際には、2通りの考え方があります。

1つは、「休職前の仕事ができるようにならなければ復職は認めない」という考え方。もう1つは、「元の仕事ができなくても軽い仕事ができるようになれば復職を認めるべき」という考え方です。裁判所は、以前は前者の考えを採用していましたが、最近では後者の考え方が主流です。

これについては「片山組事件」（最高裁一小　平成10年4月9日判決）が分水嶺になっているようです。当事者の病気は精神疾患ではありませんが、是非知っておいていただきたいこの事件を紹介しましょう。

長年、工事現場の監督業務を行ってきた社員がバセドウ病に罹患。

現場作業に従事できなくなりました。

社員は、「事務作業は可能」とする主治医の診断書を提出しました。

しかし、会社は自宅療養命令を持続しました。

そして社員が監督業務に復帰するまでの4か月間、欠勤として賃金不支給。

さらに冬期一時金を減額しました。

社員は、その間の賃金等を請求して訴えを起こします。

最高裁は、次のように判断を下します。

「社員が事務作業ができると申し出ているのであるから、その配置の現実的可能性を検討しないまま、労務の提供が債務の本旨に従ったものではないと判断することはで

――きない」

事業規模の小さい中小企業で、その従業員を配置できる別の業務がない場合には、復職を認める必要はないかもしれません。ただし、ある程度の事業規模を持つ会社なら、別の業務がないという主張は認められないでしょう。**課長は、「休職前と同じ仕事ができないのなら復職するな」とは言えないのです。**

復職させるときは、主治医の意見を必ず聞くようにしてください。とくに元の仕事が激務だった場合、復職当初に残業をさせないことはもちろん、残業を命ずるのであれば、主治医の意見を聞いておくべきです。何らかの指示がある場合は、それに従う必要があります。

主治医は基本的に本人の希望を尊重して休職前の仕事に戻すことを推奨しますが、元の仕事を担当させるに当たっては、具体的な仕事の内容を最も熟知している課長の配慮が必要になるでしょう。

07

労働組合問題
できる限り部下の組合活動に関与しない

労働組合と対峙するのは、通常、経営者や人事部です。課長が労働組合の対応を直接行うことは滅多にないでしょう。

しかし、前述の通り、課長は「法的には労働者、経営的には管理職」という微妙な立場にあります。労働組合に関して言えば、法的には労働者ですから、組合に加入しても良いわけですが、経営側の立場としてそういうわけにはいかないはずです。団体交渉の場に、経営側の一員として名を連ねる場合もあるでしょう。ですから、軽率に行動すると、さまざまな労働問題に巻き込まれます。

そこで、管理職として知っておくべき基本知識をかいつまんでお伝えしていきます。労働組合を守っている法律は「労働組合法」です。この法律で禁止されていることが、会社側としてやってはいけないことになります。

◉「労働組合法」の禁止事項を押さえておく

労働組合法で禁止されているのは、労働組合法7条に示される、「不当労働行為」と呼ばれる次の5つの事柄です。

①不利益な取扱いの禁止

組合活動を行ったからという理由で、労働者が解雇などの不利益な取扱いを受けることは禁止されています。

②団体交渉拒否の禁止

使用者が団体交渉を正当な理由なしに拒否することは禁止されています。団交拒否は、交渉の席につかない場合と、席についたが誠実に交渉しない場合（不誠実団交）の2つに分けられます。

不誠実団交とは、「論拠を示さないこと」「理解してもらう努力をしないこと」です。結果として会社が労働組合の要求を受け入れないということ自体は、当然ながら不誠実団交ではありません。

③支配介入の禁止

労働組合結成の妨害や、労働組合を敵視するような発言、または労働組合から脱退するようすすめるなど、組織の弱体化・形骸化をねらったあらゆる行為が「支配介入行為」に当たります。

ただし、会議室など会社施設内での組合活動を拒むことは、支配介入には当たりません。労働組合は原則として会社の許可なく、会社施設を利用することはできません。

④経費援助の禁止

労働組合法では、使用者の支配介入行為と並んで、使用者の労働組合に対する経費援助も禁止しています。率直に言えば、金の力で組合を懐柔したり、弱体化を図ることを禁止しているのです。

ただし「労働者が労働時間中に時間又は賃金を失うことなく使用者と協議し、又は交渉すること」「厚生資金又は経済上の不幸若しくは災厄を防止し、若しくは救済するための支出に実際に用いられる福利その他の基金に対する使用者の寄附」「最小限の広さの事務所の供与」などは許されています。

⑤労働委員会への申立などを理由とする不利益な取扱い

労働委員会に対して、救済申立をすることに対して報復措置を講じることを禁じています。

◉部下に対して組合脱退を促す発言は厳禁

現場レベルでの課長の要注意事項としては、まず部下に対して「組合を抜けろ」という趣旨の発言は決してしてはならないということです。「課長＝会社側」として見られますから、組合から抗議を受け、不当労働行為として争点化します。

もし上司から「おまえのところの課員を組合から辞めさせろ」と言われたとしても、それをそのまま行動に移せば、同様の問題になりますから、「そんなことを言ったら団交の議題がまた1つ増えますよ」と言って上手く上司を諭しましょう。そのほかにも「脱退したら給料を上げてやるよ」などの働きかけも団結権を侵害する不当労働行為になります。

また、課長が部下から会社側の人間としての意見を求められたり、労働組合との団体交渉に「事情を知る参考人」として呼ばれて話をする場合があります。その際も、自分の立場に関わることですから、事前に会社側とよく協議し、軽率な発言を控えるよう注意する点は同様です。

第5章

課長の責任が問われた6つの「負け裁判」

実際の訴訟で課長自身の責任が問われたケースを紹介します。言わば、労働問題が「いくところまでいってしまった」事例から、日々の業務に活かせる点を学んでいきましょう。

Precedent 1

「海遊館事件」に学ぶセクハラ

（最高裁一小　平成27年2月26日判決）

相手が明確に拒否しなくてもセクハラになり得る

業務中に女性職員にセクハラ発言を繰り返す2人の課長代理。

1人の発言は以下のようなものでした。

「もういくつになったん。結婚もせんでこんな所で何してるの。親、泣くで」

「30歳は22、23歳の子から見たらおばさんやで」

「もうお局さんやで。怖がられてるんちゃうん」

「お給料足りんやろ。夜の仕事とかせえへんのか。時給いいで」

男性職員の名前を複数挙げ、こんな発言もありました。

「この中で誰か1人と絶対結婚せなあかんとしたら誰を選ぶ？」

「地球に2人しかいなかったらどうする？」

もう1人は、自分と不倫相手との性体験を別の女性職員に告白。

「俺のんでかくて太いらしいねん。やっぱり若い子はそのほうがいいんかな」

「嫁とは何年もレスやねん。でも俺の性欲は年々増すねん。何でやろうな」

こうした言動を、会社はセクハラと認定します。

それぞれ出勤停止30日間と10日間の懲戒処分と降格。

2人の課長代理は、この処分を不服として提訴しました。

「出勤停止は懲戒解雇に次いで重い処分だ」

「事前の注意や警告をしないで処分したことは不当だ」というロジックです。

裁判所は、発言内容が就業規則で禁止されたセクハラに当たると認定。

「弱い立場にある女性職員に強い不快感を与える発言を繰り返し、セクハラ行為をしたことは悪質だ」として処分が有効と判断されました——。

◉教訓　自分の行動で部下が何を感じるか敏感であれ

この事件のポイントは、「被害女性が加害者を訴える」という構図ではなく、セクハラの事実を認め、懲戒処分と降格を行った会社に対して、加害者が「処分が重すぎる」と主張して訴えを起こしたという点です。一審では「処分は正当」、二審では「重すぎる」と判断が割れ、最高裁にまでもつれ込んだことで、判断が注目されました。

この会社は、セクハラ防止を重要課題と位置づけ、「セクハラ禁止文書」を作成して従業員に周知させたり、セクハラに関する研修への毎年の参加を全従業員に義務づけていました。

最高裁は、加害者の課長代理2人はセクハラ防止のために部下を指導すべき立場にあったのに、自らセクハラ行為を繰り返していたこと、またセクハラが原因で被害女性の1人が退職していることから企業秩序への影響は看過できないとしました。

また、この課長代理2人は、被害女性が明白な拒否の姿勢を示さなかったと主張しましたが、最高裁で一蹴されています。

その理由は、**「職場におけるセクハラ行為については、被害者が内心でこれに著しい不快感や嫌悪感を抱きながらも、職場の人間関係の悪化等を懸念して、加害者に対する抗議や抵抗ないし会社に対する被害の申告を差し控えたり、躊躇したりすることが少なくないと考えられる」**というものでした。

つまりセクハラは、必ずしも被害者の目に見える反応のみによって判断されるわけではないということです。何をセクハラととらえるかは被害者によって異なりますが、自分の行動が相手の心にどんな影響を与えているのか、課長は人一倍敏感であるべきだと言えるでしょう。

Precedent 2

「S社セクシャルハラスメント事件」に学ぶセクハラ

（東京地裁　平成22年9月21日判決）

男女の良好な関係は、一転してセクハラになりやすい

S社に勤務する派遣社員の女性Aについて、タイムカード改ざん疑惑が浮上。

Aはしぶしぶこれを認め退職。しかし、これは問題の始まりにすぎませんでした。

A曰く、退職直前、課長に手を握られ、こんな言葉をかけられました。

「俺の愛人になってくれたら悪いようにはしない」

Aは、課長と派遣先のS社、派遣元のB社を提訴。

Aは在職中も、課長に数々のセクハラを受けていたと言うのです。

課長はAを頻繁に食事に誘っては自分の性体験を話し、Aの性体験談を聞いたとのこと。

「君を見ていると俺の股間がテントを張ってテーブルがひっくり返っちゃうよ」
「おまえ、潮、吹いたことあるか」など、明らかにアウトな発言もありました。
一方、女性の普通でない勤務態度も訴訟の中で明らかになりました。
オフィスには場違いな胸元が大きくカットされたトップスを好んで着用。
両足を椅子に乗せM字に開いて座り、下着が見えていることもありました。
さらには喫煙室でタバコを吸っている課長にガラス越しに投げキスをする。
課長とランチした際のお釣の小銭を課長のズボンの前ポケットに手を入れて返す。
課長は「俺に気があるのか」と勘違いしていても無理からぬ話に思えます。
しかし、結果的に裁判所はAの一定の精神的苦痛を認めます。
S社と課長に50万円の支払いを命じました――。

◉教訓① セクハラは「個人」が訴えられるケースが多い

このケースから学んでいただきたいのは、どういう言動がセクハラで、どういう言動はセクハラではないか、ということではありません。

そもそも日頃からこういうことをしていると、課長が個人として訴えられる可能性があるということです。事案によっては200万円、300万円という高額請求が判決で認められることもあります。

通常は、個人だけを訴えても高額な賠償金を受け取れないので、会社とともに訴えます。しかし、金額の多寡は関係なく、個人への恨みを晴らすのが目的であれば個人だけを訴えることもありえます。会社を一緒に訴えて会社が全額支払うことになれば個人の懐が痛まないからと、個人だけを訴える例もあるのです。

◉教訓② 馴れ合いは避ける

そして、社内恋愛に限っては「男女関係はいつ反転するかわからない」という恋愛の特性が、非常に大きなリスクになります。愛と憎しみは表裏一体で、良好な関係が長く深いほど、ひっくり返ったときの反動は大きいようです。プライベートなら自分が傷つくだけで済んでも、先の事件のように訴訟にまで発展してしまっては目も当てられません。

この事件でも、当事者の証言を見る限り、課長とAは、当初は良好な関係であったことがうかがえます。元々は仲良く食事にいって下ネタを言い合うような良い関係だったものが、タイムカードの改ざん疑惑が浮上し、オセロの白が黒に変わるように関係が変化したわけです。

実際、Aには、裏切られたという思いが強くありました。改ざん疑惑の際に、「課長なら私をかばってくれるはず」と思っていたようです。しかし、課長も自分の身がかわいかったのか、Aをかばうことはしませんでした。かわりに課長は今までの良好な関係を継続するため、愛人という選択肢を提示しました。

それが完全に裏目に出てAの神経を逆なでし、「ふざけるな」という思いから、課長をセクハラで訴えるという行為につながったのです。

仕事ができ、異性に人気があることを自覚する課長ほど、節度ある行動が求められます。社内ではお互い了解のうえで関係をもっていたとしても、ちょっとしたはずみで裏目に出るという点で、リスクが高すぎます。

漫画『課長島耕作』の主人公のように、いざというとき女性は自分の味方になってくれる、最終的には寛容だなどと錯覚していると、痛い目にあうでしょう。笑い話のようで、非常に恐ろしい話です。

また、人間関係のもつれから、部下から上司へ「腹いせセクハラ」として訴えられる危険性も潜んでいます。**だからこそ部下・上司との関係性が良好だからといって、馴れ合いになるような行動は慎んでおくべきです。**

同僚や部下と良好なコミュニケーションをとることは大切です。そして、節度をもつことはそれ以上に大事です。

Precedent 3

「A保険会社上司（損害賠償）事件」に学ぶパワハラ

（東京高裁　平成17年4月20日判決）

コミュニケーション力の低い課長はパワハラと相性が良い

Xは勤続30年のベテラン社員。

過去2年の人事考課は7段階で下から2番目。営業成績は低迷していました。

そこでXの上司であるYは、Xに対して次のようなメールを送信します。

「やる気がないなら会社を辞めるべきだと思います。当サービスセンターにとっても、会社にとっても損失そのものです。あなたの給料で業務職が何人雇えると思いますか。あなたの仕事なら業務職でも数倍の実績を上げますよ。これ以上、当サービスセンターに迷惑を掛けないでください」

このメールはXだけでなく、Xの同僚数十人にもCcとして送信されました。

Xは、名誉棄損とパワハラに当たるとしてYを提訴。

以下のような趣旨の判断が下されました。

「このメールはXの地位に見合った営業ノルマを達成するよう叱咤激励するものであり、メールを送った目的は正当。しかし、『やる気がないなら会社を辞めるべき』『会社にとって損失そのもの』などの表現はXの名誉感情をいたずらに毀損するものである」

裁判所はパワハラではないとしながらも、不法行為には該当するとして、Yに慰謝料5万円の支払いを命じました——。

◉教訓① 感情に振り回されてしまうのは課長失格

この事件から学べることは、まず、叱咤激励自体はパワハラに当たらないということです。ただし叱咤激励とは、相手を勇気づけ発奮させる目的で行われる注意や指導でなくてはなりません。

注意・指導といじめは、まったく別のものです。注意・指導は相手を向上させようというプラスの意思から行われる一方、いじめは、相手を陥れようというマイナスの感情が起点になっています。

誰の心のなかにもマイナスの感情はあります。しかし、マイナス感情に支配されてそのまま誰かにぶつけるようでは、チームを統率する立場にある課長としては失格です。

この事件のYのメールは、自分のマイナス感情を相手にぶつけたもので、Xをチームのさらし者にし、侮辱しています。Xを前向きに叱咤激励するものではないことが明らかです。この事件では、目的こそ正当であったためパワハラになりませんでしたが、やり方・手段に問題があるとして不法行為に認定されている点に留意すべきです。

注意・指導の目的でメールを送る場合、「誰に」「何を」伝えたくて送るかを、送信前

に確認してください。それらが明確でない場合、そのメールは何らかのトラブルを起こす可能性があります。

そもそも、メールではなく、会議室などに呼び出し、口頭で注意すればよかったのです。またはメールで送るにしても、Ｃｃを入れずに本人にだけ送れば、こんなことにはならなかったはずです。

◉教訓② 部下は課長のコミュニケーション力を観察している

この事件とは別の例を紹介します。

ある会社で、営業部と企画部の間で、情報共有のためのメーリングリストが設置されました。そのメーリングリスト上で、年配の営業課長と、企画部の若手社員がトラブルを起こします。

営業課長が急ぎの仕事を若手社員に直接依頼しました。

この若手社員は、営業課長の直接の部下ではありません。

ただ、急を要していたため、営業部長や企画課長を通している時間がなかったのです。

対する若手の返信「では来週月曜日にやります」に営業課長がキレてしまいました。

「ふざけるな、今日中にやれ！」

「おまえはたるんでいる。会社をナメているのか」

「営業がいかに大事か、まるでわかっていない！」

営業課長は、そんな罵倒をメーリングリスト内で立て続けに行いました。


これはパワハラに当たる可能性があります。メーリングリストの目的は、チームでの情報共有です。その場で課長が1人の部下を叱責する場合、それがほかのメンバーにも共有すべき重要な情報であるなど、特別な事情があるときに限られるはずです。また、そのメールの表現も、叱られるメンバーの感情を必要以上に傷つけないよう、最大限の配慮が必要になるはずです。

それは、叱られる部下のためだけではありません。**あなたがそういう配慮ができる人格者なのかどうかを、部下に示す機会にもなっているからです。**

部下との一対一のやり取りが苦手だったり、自信を持って叱ることができないという課長もいます。誰かを「Cc」に入れるという選択は、自分の指導を他の誰かに共有しておきたいという気持ちが働いている可能性があります。新任の課長などは、部長にＣｃを入れるケースもあるでしょう。

しかし、このとき誰を入れるかは重要です。Ａ保険会社の事案であれば、ＹがＸにメールを送る際、Ｘの同僚十数名をＣｃに含める必要が本当にあったのかＹが熟慮していれば、訴訟にはならなかったでしょう。

メール上のアクシデントを起こさないために大切なのは、課長が普段からアナログのコミュニケーションを心がけることです。普段から十分会話していれば、メールの文面から微妙なニュアンスを感じとることができるでしょうし、疑問に感じたら口頭で確認することもできます。良好な人間関係を築く基本は、顔と顔を合わせて対話することです。ＳＮＳなどＩＴコミュニケーションツールが発達すればするほど、直接対話する重要性は増していきます。

Precedent 4

「川崎市水道局（いじめ自殺）事件」に学ぶパワハラ

（東京高裁　平成15年3月25日判決）

部下のトラブルを「見て見ぬフリ」は許されない

Aは、昭和63年4月、川崎市の職員として採用されました。平成7年5月に工業用水課に配属。

その後、主査、係長、課長の3人のいじめにより、Aは自殺してしまいます。

このいじめには、ある1つの因縁がありました。

以前、川崎市はAの父に対し、Aの父が所有する土地を、貸してほしいと頼んだことがありました。

Aの父は断り、川崎市の職員にはそれを不満に感じる人たちがいました。

数年後Aが配属され、ふとしたことから「あの男の息子」とわかり、嫌がらせが始まったのです。

当時は、オウム真理教事件が世の中を賑わしていた時期でした。

「麻原が来たぞ！」「ハルマゲドンだ！」とからかう。

スポーツ新聞に掲載された女性のヌードグラビアを顔に押し付ける。

職員旅行のときに果物ナイフを振り回し「刺してやる」とからかう。

どれもこれも幼稚すぎる悪ふざけです。

いじめの実行者は主査でした。

係長、課長には「いじめ」という認識はなく一緒に笑っていました。

しかし、Ａにとっては苦痛だったのです。

自殺後、川崎市と主査・係長・課長が訴えられました。

裁判所は、Ａがいじめにより精神疾患を発症し自殺したとして川崎市の責任を認めました——。

◉教訓 傍観者は実行犯と同罪になる

この事件から学ぶべきは、いじめの実行者である主査とともに、止めることなく一緒に笑っていた係長、課長が同じ責任を問われた点です。「いじめは、見て見ぬフリをした人も同罪なんだよ」という小学生でも教わる常識が、司法判断にも通じるということです。

いじめを行った時期から自殺までには1年8か月ほどの時間が経っています。本人たちはいじめた自覚がないまま時が経過し、自殺後に突然責任が降り掛かってきた形です。とくに係長、課長は傍観者ですから、青天の霹靂だったかもしれません。

本書の冒頭に、「課長はすべての労働問題の当事者になる」と書いたのはこういうことです。**自分が積極的に関わっていてもいなくても、自分の部下が何らかのトラブルに巻き込まれれば、必然的にあなたもそのトラブルに関わることになるのです。**このことを、肝に銘じておいてください。

なお、このケースは川崎市、つまり地方公共団体が訴えられた事件であり、課長は公務員でしたので、国家賠償法という特別な法律のもと、課長個人が損害賠償責任を負うことはありませんでした。

しかし、もしこれと同様のことが民間企業で起きた場合、課長の損害賠償責任が否定される理由はありません。

Precedent 5

「海上自衛隊事件」に学ぶ安全配慮義務

「自分の基準」で判断すると取り返しのつかない事態を引き起こす

（東京高裁　平成26年4月23日判決）

先輩自衛官Bはいじめの常習犯でした。
自殺した自衛官Aへ行われたいじめは、平成16年春頃から同年10月頃まで。
10回以上にわたって、平手や拳で顔や頭を殴打し、蹴る。
さらには関節技を掛ける。エアガンで撃つ。
8月から10月頃にはアダルトビデオの売買代金名目で9万円ほど恐喝。
執拗ないじめが半年にわたり続きました。
Aは生前、同僚にいじめ被害の内容を話しています。
自殺1か月前からは、自殺実行をほのめかす発言を繰り返していました。

その報告を、上司である班長が聞いていたのです。

しかし上司らは、いじめ問題についてとくに対策をとりませんでした。

そして、Aの遺族は、Bと国を訴えました。

争点は、①上司らがいじめの事実を知っていたか、②上司らが自殺可能性を予見できたかどうかの2点。

①は認められましたが、②は否定されたため高裁へ。高裁では②も認められます。

最終的に、国は7300万円の支払いを命じられたのです。

また、Aの職場において、Aの自殺後にいじめに関するアンケート調査を実施していながら、国がその存在を隠していたことについても争点となりました。

高裁において当時の担当者の隠蔽工作が認められたため、世間の注目を集めました。

◉教訓① 部下の異変には、心配性なくらいでちょうど良い

ほかの事件にも共通していますが、「その程度で自殺するなんて普通はありえない」という加害者側の言い分は通りません。人それぞれで受け止め方は異なり、自分の基準が相手に通用するとは限りません。

もし部下が自殺してしまったら、それは会社の責任であり、現場で止めなければならなかった課長の責任になります。ふさぎがちになっている、ミスが多くなっているなど、部下が発するサインを見過ごさないようにしましょう。**とくにまだ課員のキャラクターが把握できない時期は、少し心配性になるくらいでちょうど良いと思います。**ましてや、「助けて」と言われているのに、自分には関係ない、自分の仕事ではないと考えて何もしないのは、課長という立場の問題以前に、人間性を疑われても仕方ありません。

◉教訓② ハラスメントは、それを許す環境に大きな問題がある

こうしたハラスメントが職場に与える影響は大きく、具体的な損失について、「中央

「ハラスメントが職場にどんな影響を与えるか？」

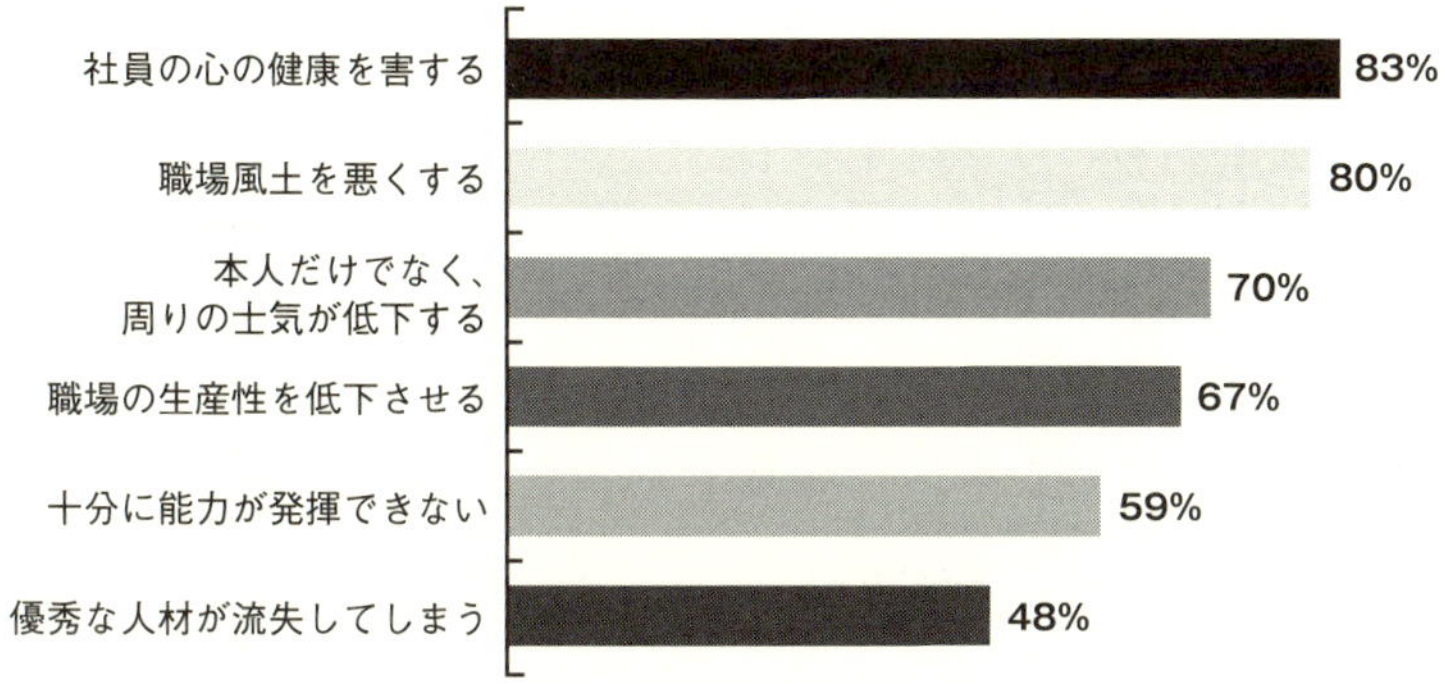

出典：「パワーハラスメントの実態に関する調査研究報告書」中央労働災害防止協会　2005年8月

労働災害防止協会」の調査により上記の結果が出ています。ハラスメントによって職場の環境が悪化したり、社員の働く意欲が下がると、最終的には職場から活気が消え、生産性が低下します。外資系企業がハラスメントに厳しい対応をしているのは、こうした理由があるからです。

　日本企業ではとかく、ハラスメントをする個人に問題があると考え、当事者を処罰したり、辞めさせたりすれば問題は片付くと考えられます。しかし、問題は職場の風土にあります。子ども同士のいじめにおいて、いじめる子、いじめられる子という当人よりも、いじめを許し、増長させるクラスや学校の風土に問題があるのと同じです。課長は、もし課内でハラスメントが起きたら、自分がそれを許す風土を作っていたと自覚して、小さなハラスメントも許さない毅然とした態度をとるよう心がけてください。

Precedent 6

「東芝（うつ病・解雇）事件」に学ぶ安全配慮義務

（最高裁二小　平成26年3月24日判決）

期待しすぎて部下の限界を見誤ってはならない

1人の女性社員が会社に期待され、新規プロジェクトのリーダーを拝命。
しばらくして、その女性社員が体調悪化を理由に担当を降りたいと要請しました。
重要なプレゼンがある会議を体調不良で休んだこともありました。
上司は、「君の仕事を増やしておいたよ」と真剣には取り合いませんでした。
その後本格的に体調を崩して休職に入り、休職期間満了後も出社できません。
会社は復職の条件としてならし勤務や専用休憩室を設ける提案までしました。
しかし、本人が仕事をする元気がないというので、やむなく解雇しました。
すると女性社員は、解雇無効を訴えて訴訟を起こします。

解雇無効は高裁で確定。

しかし高裁は、「自分がうつ病に罹患していることを上司に告げなかったことが女性社員の落ち度である」として、会社の賠償額を2割減じたのです。

この2割の減額（過失相殺）の当否が最高裁で争われることになりました。

最高裁は、「メンタルヘルスは人事考課に影響しうる非常にセンシティブな情報なので隠しておきたい。本人が会社に言わなかったとしても本人の落ち度ではない。むしろ体調が悪そうにしていたら、うつ病かどうかわからなくても会社が配慮すべき」と2割の減額を認めず、高裁へ差し戻しました——。

◉教訓 課長は部下の様子に細心の注意を

女性社員が辛そうにしていたとき、課長は、女性社員がうつ病だということを知りませんでした。本人は心療内科に通っていましたが、上司には告げていなかったのです。会社は「もしうつ病だと聞いていたらもっと配慮していた。ただ体調が悪いだけだと思ったので仕事を任せた」と主張しました。実際、うつ病だとわかった後は仕事の負荷を軽減しています。

それでも裁判所は、うつ病であるとの認識がなくても、当初より配慮すべきだったと結論づけたのです。

この事例では、女性社員に本当に期待していたからこそ、会社は新規事業のリーダーを任せたのだと思われます。

しかし、困難な仕事をやりとげられる人と、そうでない人がいます。実際の能力に比して、要求レベルが高すぎるケースもあります。叱咤激励をポジティブに受け取るタイプもいれば、ショックやストレスになってしまうタイプもいるのです。課長は、そういうことも見極めながら、かつ人員配置の変更も視野に入れながら、部下を観察しなければなりません。

一度決めた決断を覆したり、一度見込んだ部下を見限るような格好になるのは気持ちの良いことではないでしょう。しかし、事例のように事件化してしまっては、誰も得をせず、遺恨とコストばかりが積み上がる結果になってしまいます。

終章

自分が「問題課長」にならないために

ここまで、おもに上司（会社）や部下が起こす問題にどう対処するか、という視点で解説してきました。最後に、あなた自身が問題の発端になる可能性を、事例とともに紹介します。反面教師としてお読みください。

01

「課長発」の労働問題に弁解の余地はない

課長は、上司・会社・部下と、あらゆる方向から労働問題に取り囲まれている現状とそのために取りうる対策を何とか可視化してお伝えしようと、これまで筆を進めてきました。最後の章は、あなた自身が問題の発端になってしまうケースです。

当然ながら、いくら部下のマネジメントができていても、あなた自身が問題を起こしてしまえば元も子もありません。「課長発」の労働問題には弁解の余地がありません。しかし、課長が労働問題を引き起こすケースは案外少なくないのです。

◎課長は組織の要。だから「ダメ課長」の悪影響は甚大

28ページでお話ししたように、課長は管理職のなかで一番非管理職に近い立場にいま

す。両方の言い分、立場、考え方を理解して、緩衝材や潤滑油になって組織を回していくことが求められるキーポジションです。

だからこそ、課長自身に問題があると、会社全体にとんでもない悪影響を及ぼすことになります。

私は、会議でのプレゼンに強いストレスを感じて会社に来なくなった課長を知っています。部長が「どうしたんだ」と聞くと、「私には課長の仕事はできません」と堂々と言い放つので、部長が降格と部署異動を命じたところ、「新天地」で生き生きと仕事をしているようでした。課長の仕事を把握していなかったり、「なりたくてなったわけではない」と公言する課長も少なくありません。事実、「上場企業の課長に関する実態調査」（学校法人産業能率大学　２０１３年６月）によれば、13・４％の課長が「プレーヤーに戻りたい」と回答しています。

しかし、本来の課長の仕事はあくまでも部下マネジメントがメインです。やるべきことをやらない課長がいると、職場の環境は悪化し、社員の意欲が下がって、職場から活気が消え、生産性が低下するという最悪のサイクルを辿ることになります。

どうか、本章で紹介する課長の「二の舞」とならないよう、反面教師としてお読みいただければと思います。

02

問題課長①

残業について理解していない

残業に関する正しい知識を持ち合わせていないことが、トラブルにつながるケースは少なくありません。以下に、２つ課長の部下指導に関する事例を紹介します。どこに問題があるか、考えてみてください。

事例その1

食品卸業のA社は残業代を30分単位で支払っていました。

定時は5時半で、現在の時刻は5時55分です。

社員Bがタイムレコーダーの前をウロウロしていました。

仕事は5時40分に終わっているのに、同僚とおしゃべり。

その後もタイムカードを押さず時間が経つのを待っています。

Bの上司である課長は、その様子を見て、言いました。

「さっきから何やっているんだ。さっさとタイムカードを押して帰りなさい！」

「あと5分経ったら残業代がもらえるんです。あと少しだけ待ってください」

「ふざけるな！　早く帰れ！　仕事をしていないやつに支払う残業代などない！」

Bは、その日は不満げな顔をしながら帰りました。

Bは翌日、人事部に駆け込み「課長にパワハラを受けた」と訴えました。

人事部との面談で課長は「私は仕事をしていないのに残業代欲しさにタイムカードを押さずにいる姑息な部下を叱っただけです」と反論しました。

事例その2

製造業C社の話です。

社員Dが18時（定時）から18時50分まで残業しました。

C社ではプレイングマネジャーの課長が部下の残業時間をまとめています。

多忙な課長が残業時間を1分刻みで確認するのは大変なこと。

そこで業務の効率化を図るため、次のような策をとることにしました。

「残業時間は15分単位で管理し、端数は切り捨てて残業代を算出」

つまりDの残業時間は18時00分～18時45分までの45分間とみなされます。

それを知っている課長は、優しさからこんな指示を出しました。

「この書類をシュレッダーにかけてくれ。19時になれば1時間の残業代がつく」

――さて、あなたは2人の課長の問題点に気づいたでしょうか。

この2人は残業代の計算方法についての知識がありません。残業代は1分単位で正確に計上されなくてはなりません。**労働時間の端数を切り捨てて給与計算すると、切り捨てられた時間の賃金が未払いとなり、労基法に違反していることになります**（※注）。

実際、「1日の残業時間は30分単位で管理し、端数は切り捨てる」など独自ルールを設けている会社は多くありますが、それは違法です。あなたの会社はどうでしょうか。

A社のケースでは、課長は当然の叱責をしているわけですが、残業代に関しては会社の違法行為に加担していることになります。

◉「訴訟になったら絶対勝てませんよ」

それでは、課長としてどのような対応をとるのがベストでしょうか。

※注　ただし事務簡便のため、日々の残業時間を1分単位で積み上げていき、その月における時間外の総労働時間数に30分未満の端数がある場合には切り捨て、30分以上の端数がある場合には1時間に切り上げることは認められています。

独自ルールを設定している会社の社長は、内心「残業代なんてビタ一文払いたくない」と考えているかもしれません。課長が、1分単位で残業代を支払うことを進言しても聞き入れてもらえないでしょうし、無理に強く主張したら立場が悪くなる可能性が高いでしょう。そこで、会社の違法行為に加担せず、かつ課長自身の立場が悪くならない言い方を考えてみましょう。

1分単位で残業代を支払うことを社長や上司に進言する場合、「訴訟になったら絶対に勝てません」という言い方ができます。実際、10分未満の残業時間を切り捨てていた会社が、労基署から「過去2年分の残業時間を1分単位で再計算し、未払い分を社員に支払うこと」という是正勧告を受けたケースがあります。

会社としては、悪意なく適切な処遇をしているつもりでも、ある日突然、社員や労基署から指摘を受けて、高額な未払い残業代を支払わなければならなくなることがあるのです。

◉「残業代を支払ったほうが業務効率化できますよ」

また、現場をあずかる立場から、「1分単位で残業代を支払ったほうが、仕事の効率化が図れます」という言い方もできるでしょう。

A社のケースでは、30分単位で残業代が支払われるため、社員Bは残業代欲しさにダラダラと無意味な時間を過ごしていました。1分単位で残業代が支払われることが周知されれば、少なくとも「もう少し残らないと残業代が支払われない」という社員の不安が消えますから、30分単位に区切るよりも、仕事に集中する環境が整うと言えます。

こういう話を社長や上司にできれば、会社を変えられる可能性が見出せます。

そもそも、仕事は所定の労働時間内で終わることが前提です。労基法では、労働時間は1日8時間以内、1週間40時間以内、休日は週1日以上と定められています。例外的に、会社と労働者の代表で協定を結んだ場合、残業をするよう命じることができるようになります（149ページ参照）。

そして、残業を行わせた場合は割増賃金を支払わなければなりません。あくまでも所定労働時間内で業務を終わらせることが大原則で、残業は例外だということを肝に命じておいてください。

C社のケースを見てください。「1日の残業時間は15分単位で切り捨て」という独自ルールをもつC社の課長が、「部下が残業代がもらえるように」という好意から必要のない仕事を部下に与えています。

これは残業を奨励しているようなもので、残業時間は次第に増えていきます。社員一人ひとりの残業時間はわずかでも課全体ではかなりの残業時間になり、会社にとっては大きな損失になります。課長に労働法の知識が1つあるだけで、毎日のマネジメントを少し前向きに変えていける可能性があるのです。

03

問題課長②
「自分でやったほうが早い病」から抜け出せない

「自分でやったほうが早い」と考えるのが悪いと言われても、反論したくなる人も多いのではないでしょうか。あなたは、実務能力の高さや、仕事を俯瞰して的確に効率的に進める業務遂行能力を評価されて課長になっているわけですから、部下に任せるよりも、自分がやったほうが早いのは事実でしょう。

自分でやってしまう課長がなぜいけないのか、その悪影響から考えてみるとわかりやすいでしょう。たとえば次のようなデメリットが考えられます。

- 部下が育たない
- 部下との信頼関係が築けない
- チームワークが生まれない

● 部下が成長しないため残業代が減らない
● 部下や自分がメンタルヘルス不全になる危険性が高い

つまり、課長としてのマネジメント業務を放棄していることに等しいのです。「自分でやる」ということは、一プレーヤーに戻るということです。極端な言い方をすれば、もはや課長でいる意味がないと言えるかもしれません。

「教える時間がもったいない」「慣れていないとミスを起こす。自分がやったほうが確実」。どちらもごもっともですが、少々のリスクや不安を伴いながらも、部下に少しずつ仕事を任せていかなければ、チームは機能しません。

◉ 優秀なプレーヤーであった人ほど罠にハマりやすい

課長が、一般社員時代に優秀なプレーヤーであればあるほど、この状態にハマる可能性は高まります。その課の業績を1人で叩き出せるほどの実力があれば、部下に任せる必然性を見出せなくなるからです。とはいえ、1人が常にフル稼働し続けるには相当の負担がかかります。課長自身が仕事の悩み、問題を周囲に報告、相談できず、自殺や失踪につながったケースもあります。課長が部下の尻拭いばかりしていると、その腹いせでパワハラに移行してしまうケースもあります。

課長の本来の仕事は、部下を育て、チーム全体の実力を底上げし、成果につなげていくことです。プレーヤーとしてどんなに頑張っても、それは課長本来の仕事からどんどん逃げていくことにほかならないのです。

◉「自分でやる課長」の部下が育ちにくい理由

人間が力を出し切れない原因の1つに、「人から必要とされていない」という恐怖があります。

部下が何か失敗したり、目立った活躍が見られなかったりしたときに、課長が冷ややかな目で見たり罵倒したりすれば、部下は萎縮し、実力を伸ばせないという悪循環が生まれます。**「自分はここにいないほうが良いのかもしれない」と部下に思わせてしまったら、それは部下の責任ではありません。上司の失敗です。**

「失敗はチームで補えばいいんだから大丈夫」「君がいなければ、この企画はうまくいかないよ」。あなたなりの言葉や方法で、部下に愛情や必要性を伝えてください。それによって部下の恐怖心は解消され、役に立とう、頑張ろうという前向きな意欲がわき上がってくるはずです。部下を実力以上に評価しろと言っているのではありません。部下を「頑張ろう」と思えないような状態にするのは、課長として失格だと言うことです。

◉「あいつがやったほうが早い病」

「自分でやったほうが早い」の「自分」は、課長自身を指さないケースもあります。「あいつがやったほうが早い」です。

私の知る課長は、部長から新規プロジェクトの話が出ると、いつも「私がやりましょう」と安請け合いします。その実、自分がやるわけではなく特定の仕事の早い部下に振るのです。そして部下から上がってきた成果をそのまま部長に伝えます。

課長は実際には何もせず、伝書鳩状態。部下の業績を自分の業績のように部長に伝え、自分の評価を上げようとする。その結果、部下は疲弊していきます。

あなたが仕事ができる人であればこそ、もう一度、課長としての業務を全うできているか、自問自答してみてください。

04

問題課長③
自分がされたことをそのまま部下にする

課長になる人は、能力や業績が認められて、そのポストを与えられたのだと思います。だからこそ、自分のやり方や考え方に自信を持っていて、自分が部下だった頃に実践してきた方法をそのままやればうまくいくと信じていることが多いものです。

その裏付けがあるからこそ、多くの課長が「自分はこう教わってきた。同じことを部下に言って何が悪いんだ」と言います。しかし、それは悪いのです。時代も常識も変わり続けるからです。**むしろ、課長が若手社員だったときに先輩から教わったやり方は、そのままでは100%通用しないと考えたほうが実態に近いでしょう。**

◉仕事で生まれたしこりは仕事の場で解消する

昔はパワハラという言葉すらありませんでした。感情任せに怒鳴ったり、ときには叩いたりしても、それは「指導」であり問題にならないこともありました。しかし今、どんな理由があろうとも、暴力は犯罪です。

「飲ミュニケーション」という言葉も、死語になりつつあります。部下を「バカヤロウ！」と散々叱り飛ばした日、退社間際になってそれとなく飲みに誘い、酒を飲みながら互いに本音を語り合って、わかり合って次の日を迎える。そういう時代を過ごしてきた人が、同じことを部下にやろうとする気持ちはわかります。

しかし、今ではコミュニケーションがメールベースになっていたり、グループチャットで仕事をしている会社もあります。退社後に集団で飲みにいく会社も少なくなりました。みんなでタバコを吸いながら意見交換して丸く収まった時代は終わり、今ではほとんどの職場が禁煙です。

部下との間に生まれた「しこり」の解消の場が職場以外にある、と考えている課長は、しこりがそのまま放置されてしまうのです。

先日、とある会社の若手社員から聞いた素朴な感想が印象に残っています。その社員は課長と口論になり、その瞬間から課長のことが嫌いになったと話していました。しかし、その日のうちに課長から「昼間は悪かった」と電話がかかってきたそうです。部下は「感情的になってすみませんでした」と返し、電話を切りました。この課長のちょっとしたフォローで、部下は電話を切った瞬間、「けっこういい人じゃないか」と思うようになったと言います。

人の感情とは、そういうものです。**どんなわだかまりがあるにせよ、部下にどんな非があったとしても、傷ついた部下の気持ちをフォローできる課長は、部下から信頼されます。**

上司と部下と言えども人と人の付き合いですから、本気で仕事に向き合っていればいるほど、必ずどこかでしこりはうまれてしまうものです。そのとき、飲み会の場などでうやむやにしてしまうのではなく、正面から部下と向き合うことでしこりを解消しようとする姿勢が、部下からの信頼につながるのではないでしょうか。

05

問題課長④
コミュニケーションをITツールだけに頼る

メール、SNSなどのコミュニケーションツールが増え、相手に情報を伝えたいときにどんな方法をとるのか、ある種のセンスが問われる時代になりました。

部下とのコミュニケーションにおいても、的確に使い分けないと、無用なトラブルを引き起こすことがあります。

◎部下指導における「メール」と「口頭」の使い分け方

とくに大事なのはメールと口頭の使い分けです。

まず、それぞれの特徴を考えてみましょう。

メールはじっくり言葉を選び、整理し、相手がその場にいなくても自分の意思を伝えることができるメリットがあります。記録にも残りますし、時間が経ってから検索できるアーカイブ機能もあります。相手の都合にかかわらず、今すぐ送信できるという便利さもあります。その反面、文面を相手がどう受け取るかはわかりません。行間を深読みしたり、読み飛ばしたり、誤解されることもしばしばあります。そのメールをいつ相手が読むかも、相手次第です。

つまりメールは、議事録や事務連絡など、客観的な事実を伝えたり、「言った言わない」の争いが起きそうなトピックなど、記録に残しておきたい事柄を伝えるときには有効でしょう。

一方、課長が部下のトラブルの相談にのる、仕事について注意・指導するというときには、口頭で、態度、表情、動作、抑揚などを使ってコミュニケーションをとるのがよいでしょう。口頭であれば、相手の感情や反応、理解度などを確認しながら、適宜、表現や言葉を変えることができます。そのほか、やんわり伝えなくてはならないこと、相手にも言い分があるようなことなど、感情を伴うコミュニケーションは、直接やりとりするのが良いと言えるでしょう。

「口頭」と一口に言っても、電話で話す、対面で話す、1対1で話す、1対複数で話す

メールと口頭の特徴と違い

メール	対面	電話
メリット ● 物理的な距離・時間を問わない ● 記録に残る デメリット ● 相手がどう受け取ったかわからない ● 深読み・読み飛ばし・誤解の危険性がある	メリット ● 相手の理解度に合わせて表現を変えられる ● 態度、表情、動作、言葉の抑揚から感情を伝えることができる デメリット ● 物理的な距離が近いときだけ可能 ● 記録に残らない	メリット ● 物理的な距離を問わない ● リアルタイムでやりとりできる デメリット ●「声」で伝わる感情やニュアンスに注意が必要 ● 記録に残らない

などさまざまな方法があります。目的に応じてコミュニケーション手段を使い分けるようにしましょう。「メール」と「対面」と「電話」における特徴を簡単に上図にまとめてみましたので、参考にしてください。

◉問題部下との無駄なやりとりは危険

とりわけアルバイトが多くシフト制を敷いている業種などでは、SNSサービス「LINE」の「グループLINE」を活用しているケースが増えているようです。スマートフォンを持っていれば常に連絡がとれますし、メーリングリストよりも手早く気軽に全員と連絡がとれるメリットがあります。

ただし、グループLINE内で個人に向け

たメッセージを発すると、問題になることもあります。たとえば課長が「Aさん、またまた無断欠勤。誰か代わりにシフトに入って」などと発すると、「Aさんはルーズな人間」という情報を明確に共有することになります。言ってはいけないことを言ってしまったり、共有しなくても良い情報を共有する恐れがあるということです。

また、会社と関係がこじれてしまった部下や、課長を快く思っていない部下と、会って話したくないからとメールやSNSでやり取りするのは危険です。ちょっとした言葉尻を証拠に、訴訟に発展することがあるからです。

こういう場合は、間に人を立てるのが良いでしょう。課長と部下の関係がうまくいかなくなったら、別の課長、あるいはある程度社歴の長い人に間に入ってもらいます。

◉「メールイエスマン」の部下に気をつける

ある課長は「メールイエスマン」の部下に悩んでいました。メールの返事は常に「OK」。「××の報告書〇月〇日までにできるか」というメールに「できます」と返事がきて安心していると、まったくできていなかったということが何度もありました。

現場で顔色や仕事ぶりを見ながら進捗状況をチェックしていないと、こういうことが起こりえます。営業やシステムエンジニアなど、部下と離れる機会が多くコミュニケーションがメール偏重になっている人は、必ず定期的に直接顔を合わせて進捗を確認するようにしましょう。

◉どんなに忙しくても部下の相談には目を見て対応する

コミュニケーションは、相手の目を見ながら行うのが基本です。部下が一生懸命話しているのに、上司がパソコンの画面や机の上の書類から目を離さないまま返事をしたとしたら、どう感じるでしょうか。おそらく、「この人は私の話に興味がないんだな」と思うでしょう。そんな課長が部下の信頼を得ることは難しいでしょう。

だからこそ、どんなに忙しくても、どんなに些細な用件でも、部下に話しかけられたら仕事の手を休め、部下の目を見ながら話を聞くことが大切なのです。

相手の目を見て会話することは「私はあなたに興味があります。関心を寄せていますす」というメッセージです。部下の目を見ながら話を聞くだけで、部下は「この人は自分のことを気に掛けてくれている」と感じるでしょう。それがあなたに対する信頼につながるのです。

06

問題課長⑤
仕事はできるが異性関係にだらしない

◉セクハラは忘れた頃にやってくる

大手家電メーカーに勤務する課長に、部長昇進の辞令が出たときのことです。
課長は、その吉報を嬉々として妻に伝えました。
ところが数日後、人事から「出社に及ばず」と告げられます。
課長は、その半年前まで派遣社員と不倫関係にありました。
この女性が会社に「課長にセクハラされた」と訴えたのです。
男性は戒告処分を受け、昇進の話はなくなりました。

課長が男女関係にだらしないと、多くの問題が発生します。

1つは当事者間のトラブルです。不倫となれば、当事者の家族を含め、民事上の損害賠償の問題にまで発展することもあります。恋愛関係のもつれによるセクハラの訴えは、まるで時限爆弾のように、忘れたころに問題が表面化する場合があります。退職後しばらく経ってから訴えられるケースも少なくありません。

自分は会社とプライベートを分けて律していても、相手が自分と同じように律しているかどうかはわかりません。恋愛は相手があるということを決して忘れてはいけません。

◉課長は「人格者」であることが求められるポジション

課長が職場でイチャイチャしていれば、当然ながら周囲に確実に悪影響を及ぼします。就業規則に「職場の風紀を著しく乱す行為」「規律道徳に著しく反すると思われる行為」などの項目がある会社も多いと思いますが、それに当たる可能性があります。他のメンバーが「あんな課長の言うこと聞けるか」という雰囲気になって当然です。

相手が男性か女性かでまったく態度が変わる人事課長（男性）がいました。仕事上のトラブルが発生したとき、男性と女性の部下がいるのに、一方的に女性部下の肩をもつのです。女性部下とは何度も面談しましたが、男性部下にはまったく話も聞かず、その後、業務でも無視し続けるのです。

もちろん、人には相性がありますし、好き嫌いもあって当然です。「どうもあの部下とは馬が合わない」「あいつと一緒に仕事をすると、どうもぎくしゃくしてしまう」。生まれも育ちも異なる人が集まれば、そういう部下がいて当然です。第2章で紹介したような問題部下は、課長だけでなく、他のメンバーともうまくいっていないケースが多いでしょう。

しかし、課長が部下に対して平等に接するのは当然のことです。そうでなければ部下からの信頼を失うことになります。相性が良くなくても、相手の存在を気にかけ、相手を認め、必要としているということをきちんと伝えていくのは上司の重要な役割なのです。そういう意味で、課長は一般社員よりも「人格者」であることが求められます。

07

問題課長⑥

上司や同僚とのコミュニケーションがない

課長は組織の「要」ですから、部下だけでなく、上司、人事部、役員など、いろいろな方向とコミュニケーションをとる必要があります。

たとえば部長との関係においては、課長は「部下」です。あなたが部下に報告・連絡・相談を求めるのと同様、あなたの課内で何か問題が起きたとき、自分だけで何とかしようとせず、上司に報告しなければなりません。

53ページのスポーツジムのインストラクターの事例では、課長（サブ・マネジャー）は、課内でセクハラ行為が行われていることを認識していたにもかかわらず、そこで解決を図ろうとしないばかりか、報告もしませんでした。被害者が社長に直接訴えたことでいっきに解決しましたが、それは決してあってはならないことなのです。

本書で何度も申し上げているとおり、課長はすべての労働問題の当事者になるポジシヨンです。一般社員と課長の大きな違いは、労働問題が起きたとき、課長の行為が会社の行為に直結するということです。会社の看板を背負って行動しているという意識をもてば、必然的に上司とのコミュニケーションの機会は増えてくるはずなのです。

また、課長は課長同士で、情報や意識を共有することも大切でしょう。たとえば部下指導で悩んだら、「こういう叱り方をしたらまずいのかな」「私はこう習ってきたのだけれど、いまの時代に通用するだろうか」などと、ほかの課長に意見を聞いてみるという意識が必要です。

「常識」は少しずつ変化し、それは部下指導においても例外ではありません。自分が教わってきたやり方をそのまま部下に押し付けることはもってのほかなのです。**社内の課長、友人、ニュース、さまざまな情報源から最新の情報を得て、自分の中の「常識」を常に更新しておくことが、無用な労働問題を避ける有効な手段になると考えてください。**

08

問題課長⑦

課長の仕事を「雑用」だと思っている

課長の仕事は、クリエイティブなものばかりではありません。勤怠管理、届出管理、各種書類への捺印など、いわゆる「雑用」のほうが多いくらいかもしれません。かつて、こんなことをぼやく課長に出会ったことがあります。

「自分は、入社順で課長の番が回ってきただけです。2時間程度の管理職研修は受けましたが、それ以上のことは上司も会社も何も教えてくれませんから。仕事は今までどおりこなし、そのほかに残業代管理、勤怠管理、年休届出の受理などをやっています。今までの仕事に面倒な雑用が加わったという印象です」

こんな意識でいれば、当然、労務管理や部下のマネジメントが自分の責任だという意識も薄れます。部下の残業が増えても「忙しいから仕方がない」「人員を増やさない経営陣が悪いんだから自分の責任じゃない」と自己完結して、問題解決に意識が向かなくなるでしょう。その結果、残業は増え続け、課員は心身ともに疲弊して、トラブルの発生しやすい土壌ができあがるのです。

雑用だと思っていると、仕事の配分について考える手間も惜しむようになります。「この仕事は彼しかできない。彼に頑張ってもらうしかない」と考え、結果的に特定の部下が消耗し、倒れてしまうこともあるでしょう。あるいは自分が不用意な発言をして、その部下を傷つけ、メンタルヘルス不全を起こすかもしれません。

◉ピープル・マネジメントという大仕事

39ページに書いた通り、課長本来の仕事とは、チームの状況を的確に把握し、目標達成を図り、部下を育成することです。

「部下の育成」は、課長の的確なピープル・マネジメントなくしては成し得ません。部下をマネジメントするとは、「何時に出社し、何時に退社したか」を管理するだけではありません。仕事の進捗を確認し、特定の部下の仕事が多い場合には、配分を変えてチーム全体で回す。ときには健康状態や顔色などを確認し、問題や悩みを抱えていそうだと思えば、声をかけたり、相談にのるのも課長の仕事です。

そして、課長にはリーダーシップが求められます。リーダーシップとは、目標達成に向けられた対人関係における肯定的な影響力を指します。**簡単に言えば、「どれだけ人に良い影響を与えられるか」です。**どんなに優秀な人でも、人間的な魅力がなければ誰もついていきません。部下たちに良い影響をおよぼすことができなければ、課長自身の能力がいかに高くても、チームとしての目標達成には至らないでしょう。

つまり、課長の仕事とは、複雑でデリケートな人間関係を前提としたピープル・マネジメントそのものだとも言えるのです。

おわりに

いかがでしたでしょうか。ここまで、私が労働問題専門の弁護士として経験してきた事案をもとに、労働法のエッセンスだけをぎゅっと絞ってお届けしてきました。執筆構成に多大なるご協力をいただいた橋本淳司氏、および編集部の今野良介氏に、この場を借りて厚く御礼を申し上げます。

法的な素養のある人には少し物足りなかったかもしれません。そういう人は本書で取り上げた裁判例や、さまざまな労働法上の問題点について、自分なりに考察を深めてみてください。自分を事件の登場人物に置き換えて、「自分だったらどうするか」と考えをまとめておくと、日々のマネジメントに活かせる日が来るのではないかと思います。

逆に、法律なんてまったく知らないという人には、ピンと来ない部分があったかもしれません。そういう人は、是非本書をデスクの片隅に置いて、労働問題に遭遇したときや時間の空いた時に読み返してみてください。今はピンと来なくても、二度三度と読み返すうち、いつか霧がさーっと晴れるように理解できる瞬間が訪れるはずです。

労働問題は「生き物」です。相手は生身の人間なのです。そして、あなたも生きています。いろいろな感情が生まれたり、失敗したりすることがあって当然です。

だからこそ、同じ失敗を繰り返さないこと、次は上手くいくように気を付けることが大事なのです。本書で紹介したように、世にはさまざまな裁判例があります。せっかく先例があるのですから、これらを活かさない理由はありません。

労働問題が生き物であるということは、対処法も日々変化するということです。そして、厄介なことに特効薬はありません。ですから、それぞれの課長が手探りで慎重に対処していくしかないのです。

ただ、私が数々の労働事件に接してきて常々思うことがあります。それは、法律論も大事ですが、最後にキーとなるのは「相手への思いやり」ではないかということです。課長が部下を本当に思いやっているか。会社が社員を大切にしているか。あなたがあなた自身を大事にしているか。

労働問題を解決に導いたり、そもそも労働問題が起きにくい環境をつくる礎は――

あなたの「ハート」そのものなのです。

弁護士　神内伸浩

[著者]

神内伸浩（かみうち・のぶひろ）

労働問題専門の弁護士（使用者側）。1994年慶応大学文学部史学科卒。コナミ株式会社およびサン・マイクロシステムズ株式会社において、いずれも人事部に在籍。社会保険労務士試験、衛生管理者試験、ビジネスキャリア制度（人事・労務）試験に相次いで一発合格。2004年司法試験合格。労働問題を得意とする高井・岡芹法律事務所で経験を積んだ後、11年に独立、14年に神内法律事務所開設。民間企業人事部で約８年間勤務という希有な経歴を活かし、法律と現場経験を熟知したアドバイスに定評がある。従業員300人超の民間企業の社内弁護士（非常勤）としての顔も持っており、現場の「課長」の実態、最新の労働問題にも詳しい。

『労政時報』や『労務事情』など人事労務の専門誌に数多くの寄稿があり、労働関係セミナーも多数手掛ける。共著に『管理職トラブル対策の実務と法　労働専門弁護士が教示する実践ノウハウ』（民事法研究会）、『65歳雇用時代の中・高年齢層処遇の実務』『新版新・労働法実務相談（第2版）』（ともに労務行政研究所）がある。単著は本書が初となる。

神内法律事務所ホームページ　http://kamiuchi-law.com/

課長は労働法をこう使え！

――問題部下を管理し、理不尽な上司から身を守る60の事例と対応法

2016年２月12日　第１刷発行

著　者――神内伸浩

発行所――ダイヤモンド社

〒150-8409　東京都渋谷区神宮前6-12-17

http://www.diamond.co.jp/

電話／03･5778･7236（編集）03･5778･7240（販売）

装丁――――小口翔平（tobufune）

本文DTP――ムーブ（新田由起子＋徳永裕美）

編集協力――橋本淳司

製作進行――ダイヤモンド･グラフィック社

印刷――――慶昌堂印刷

製本――――加藤製本

編集担当――今野良介

ISBN 978-4-478-06725-3

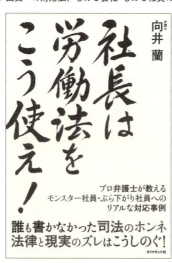